地下水资源保护研究

王现国　王和平　葛　雁
陈　峰　周奇蒙　吴永建　陈卫理　著

黄河水利出版社
·郑州·

内 容 提 要

本书介绍了国内外有关地下水资源保护研究的现状。本书以洛阳市城市地下水资源保护研究为例，用地下水系统的观点概述了洛阳市地下水系统的特征，阐述了洛阳市的水文地质特征，地下水开发利用现状，集中开采地下水水源地的水文地质特征、开采条件和运行现状，建立了三维地下水数值模型，进行了地下水保护区划定研究，并对地下水水质演化趋势进行了预测，系统地计算和评价了地下水资源量。

本书可供从事地下水资源研究的科研和管理人员参考使用。

图书在版编目(CIP)数据

地下水资源保护研究/王现国等著．—郑州：黄河水利出版社，2012．3

ISBN 978－7－5509－0173－5

Ⅰ．①地…　Ⅱ．①王…　Ⅲ．①地下水资源－资源保护　Ⅳ．①P641．8

中国版本图书馆 CIP 数据核字(2011)第 263773 号

组稿编辑：王路平　电话：0371－66022212　E-mail：hhslwlp@163．com

出 版 社：黄河水利出版社

地址：河南省郑州市顺河路黄委会综合楼 14 层　　邮政编码：450003

发行单位：黄河水利出版社

发行部电话：0371-66026940、66020550、66028024、66022620（传真）

E-mail：hhslcbs@126．com

承印单位：河南省瑞光印务股份有限公司

开本：787 mm×1 092 mm　1/16

印张：8．5

字数：200 千字　　　印数：1—1 000

版次：2012 年 3 月第 1 版　　　印次：2012 年 3 月第 1 次印刷

定价：26．00 元

前　言

水是生命之源，是人类生存和发展不可替代的自然资源。水资源的开发、利用和人类的生活息息相关，它为社会的进步、国民经济的发展提供了必要的基本物质保证。随着人口的增长、社会经济的发展和人民生活水平的提高，人们对水资源数量和质量的需求也越来越高，而可利用的淡水资源却是很有限的。目前，全国地下淡水天然资源多年平均量为8 800亿 m^3，约占全国水资源总量的1/3，占全球水资源总量的6%，仅次于巴西、俄罗斯和加拿大，居世界第4位，但人均水资源量只有2 200 m^3，仅为世界平均水平的1/4、美国的1/5，在世界上名列121位，是全球13个人均水资源最贫乏的国家之一。根据中华人民共和国水利部一项调查显示，中国660个城市中有2/3的城市存在水资源短缺问题，因此水资源短缺已经成为我国许多城市和地区发展重要的制约因素。

同时，随着水资源浪费及水污染日益加剧，水资源供给与需求之间的矛盾亦日趋尖锐，水资源对社会经济发展的制约作用越来越明显。在这种形势下，加强水资源保护，合理开发利用有限的水资源，最大限度地发挥水资源的开发利用效益就成为缓解当前水资源供需矛盾的有效途径。因此，地下水资源的开发必须与保护相结合，而且保护应该放在首位。保护了地下水，就等于保护了一条重要生命线。实现地下水资源的可持续利用，已经成为我国经济、社会可持续发展的重要环节。有关专家指出，我们要按地下水资源蓄存和分布的规律，因地制宜地制订相应的开发利用和保护战略。水资源调蓄要从以地表调蓄为主向地表、地下联合调蓄的战略转变，坚持采补平衡、合理调控，保护水质、优质优用，地表水与地下水统筹兼顾的原则，综合开发利用和保护地下水资源。

"洛阳市城市地下水资源保护研究"项目是水利部《节水型社会建设》专题项目，专题编号为水综节水[2009]97号。该课题是研究地下水系统在自然条件与人类活动影响叠加状态下地下水动力场及化学环境演化与地下水资源可持续开发利用的综合性课题。

本书研究区范围为整个洛阳市区，面积约544 km^2。本书采用水文地质学、水文地球化学、环境水文地质学等综合的研究方法，以演化的观点为指导，动态地研究地下水环境变化的过去轨迹、现在状况和未来趋势；从整体的观点出发，定量地研究地下水系统的形成过程及其地下水动力场、化学场的相互关系；以环境的观点为依托，系统地研究人类活动影响下地下水资源开发利用与经济、社会发展的协调关系，分析研究地下水系统对外部环境变化的响应与反馈的时效性及敏感性，为地下水环境改善的保护及地下水资源的可持续利用提供了可靠的信息和科学的依据。

本书打破了传统的思维定势，采用均衡法对研究区水资源量进行了详细计算，并运用国际上先进的三维可视化地下水模拟软件 Visual MODFLOW 对地下水动态进行了模型拟合与校验，用数值法建立了地下水流场预测模型和质点示踪模型，借助于 MODPATH 功能，计算地下水质点的流线。两种方法相结合综合确定了水源地保护区，既克服了数值法的概化误差，又弥补了经验法的主观性，对研究区内水资源的开发和规划具有实际指导意义。利用稳定同位素的丰度变化、放射性同位素的衰变规律来研究地下水形成的历史，并和河南省降水线方程相对比，进一步分析了地下水的补给来源。

通过本书的研究，查明了洛阳市城市地下水资源现状，并对城市地下水资源的分布环境以及水质作出了评价，为今后一定时期内洛阳市地下水的开发利用以及地下水资源的保护规划提供了科学依据，并有利于改善洛阳人民的生活居住环境；对洛阳市城市规划和创建国家卫生城市，实现经济的可持续发展、构建和谐社会等意义重大，经济效益和社会效益显著；为洛阳市社会经济可持续发展的战略实施提供了技术支撑，并为今后社会发展提供地下水资源保护的指导方针。

作　者

2011 年 10 月

目 录

第一章 绪 论

第一节 研究的目的和意义

水是生命之源,是人类生存和发展不可替代的自然资源。水资源的开发、利用和人类的生活息息相关,它为社会的进步、国民经济的发展提供了必要的基本物质保证。随着人口的增长、社会经济的发展和人民生活水平的提高,人们对水资源数量和质量的需求也越来越高,而可利用的淡水资源却是有限的;同时,随着水资源浪费及水污染日益加剧,水资源供给与需求之间的矛盾亦日趋尖锐,水资源对社会经济发展的制约作用越来越明显。在这种形势下,加强水资源保护,合理开发利用有限的水资源,最大限度地发挥水资源的开发利用效益就成为缓解当前水资源供需矛盾的有效途径。

洛阳市地处河南省西部,是举世闻名的历史文化名城,在中华民族五千年文明史上曾几度繁荣。作为国家重点建设城市,优越的地理位置,丰富的土地资源、农业资源、矿产资源和旅游资源为洛阳市的经济发展奠定了雄厚的基础。国家中部崛起政策的实施和黄河小浪底水利枢纽工程的建成,给该市的经济发展带来了新的机遇,作为陇海、焦枝两大铁路交通枢纽城市,在区域生产力的布局中,真正起着承东启西、连通南北的独特作用。但是,洛阳地处严重缺水的豫西山区,地表水及地下水均较贫乏,在水资源开发利用过程中,供需缺口日益扩大。洛阳市 2007 年城市建成区面积已达 140 km^2,城区人口 150 万人。洛阳市新的城市规划于 1999 年经过调整批准实施,规划到 2020 年,洛阳市区人口将超过 300 万人,随着国民经济的飞速发展,城市规模日益扩大,工农业生产不断发展,人口不断增多,各种需水量也逐年增加,现有水源地供水规模将不能满足需求。根据现有资料,在未来的 2015 年,洛阳市将缺水近 2.43 亿 m^3。随着工农业生产发展,大量的废水排入地表水体,造成地表水严重污染,区内洛河、伊河、涧河、瀍河均已受到不同程度的污染,地面环境污染加剧,使地下水也受到不同程度的污染。水质污染加剧了地下水资源的开发利用,随着城市规模的扩大,城市地下水开采量逐年增加,以致在市区形成了跨洛河的地下水开采降落漏斗,漏斗面积呈逐年扩大趋势。区内现已产生了不良的与水相关的生态环境和地质环境问题。因此,加强水资源保护,科学、合理地利用水资源,确保洛阳市可持续发展,是主管部门十分关注的问题。

本次水资源保护工作主要针对洛阳市具体条件,基于洛阳市水资源开发利用评价等前期成果,按照《全国水资源综合规划技术大纲》和《全国水资源综合规划技术组则》的要求,通过调查,查清洛阳市的地下水环境状况;对地下水及与水相关的生态环境问题提出保护措施,为今后社会发展提供地下水保护的指导方针;改善人民群众的饮水质量和生存环境质量,提高地下水资源保障能力,保护生态、减轻或避免地下水不合理利用产生的地质灾害,实现从重开发、轻保护到保护与开发利用并重的战略转变,为洛阳市社会经济可持续发展的战略实施提供技术支撑。

因此,开展洛阳市城市地下水资源保护研究工作具有十分重要的现实意义。

第二节　国内外研究现状

一、国外研究进展

各国政府十分重视水资源的保护与利用。美国采取了许可权交易制度对水资源进行管理与分配。美国的地下水系统研究在国际上处于领先地位,最初关心的地下水问题主要是地下水资源的开发与利用。但是,随着开发强度增大,过量抽水、地下水水质退化等问题日益突出。地下水资源的进一步开发对地表水和湖泊、湿地、河岸和河口地区的生物资源的影响问题已引起广泛关注。美国地调所(USGS)一直关注变化的地下水问题,开展了区域含水层系统分析计划(RASA)、井源保护计划(WHP)、国家水质评价计划(NAWQA)、国家合作地质填图计划(NCGMP)、地下水资源计划(GWRP)等五个大型地下水计划,目的是解决当今与地下水有关的关键问题。

目前,美国一些地方的地下水研究主要是针对主要含水层系统,并规划建立主要含水层系统的数字化数据库,而在大范围地理分布的多个含水层系统中进行研究将是今后美国进行地下水研究与保护的发展主题和方向。该主题的关键问题包括地下水衰竭、地下水与地表水的相互作用、淡水与咸水的关系、地面沉降、复杂地质环境的地下水等五方面内容。

最近几年,欧洲国家为保护地下水资源做了不懈的努力。总的来说,欧洲国家地下水保护政策可归为三类:立法,如减轻点源或面源污染或建立保护带;财政支助,如对采用推选的作物或农业技术的农民进行财政上的扶持;开展针对性教育计划,制订好的农业实践行为准则,并提供有关的咨询和信息服务。地下水水质保护的主要政策与措施包括建立保护带、建立执照制度、恢复已污染的土地、与其他政策一起考虑的环境影响评价制度以及制订好的实践行为准则。在一些国家政策中,恢复被污染的含水层并防止进一步受到污染是未来的重要目标。关于地下水水量方面的政策,主要的法律措施是执照发放政策,确定地下水取水量的上限,并开展好的实践行为的教育计划。

OECD 国家如荷兰、德国、法国等发达国家,建立了水资源保护税税收法律制度,对水资源进行管理与分配,并取得了较为令人满意的效果。

韩国 1994 年颁布了地下水法。地下水法体系主要分为法、大总统令和实施细则,以专门法律的形式规定了地下水的调查及开发利用、保护与管理、开发利用的施工、影响调查机构以及罚则等方面的具体问题。2004 年 1 月,韩国专门成立了国家地下水管理中心。韩国政府每 10 年制定一次国家水资源规划、水坝建设长期规划和供水工程管理规划等,并且对这些规划每 5 年进行一次修改和补充。由此可见,韩国政府对地下水资源保护的重视程度。

二、国内研究现状

我国水资源整体分布不均匀，且水资源配置不合理，大致上是东多西少、南多北少。目前，全国地下淡水天然资源多年平均量为8 800亿m^3，约占全国水资源总量的1/3，占全球水资源总量的6%，仅次于巴西、俄罗斯和加拿大，居世界第4位，但人均只有2 200 m^3，仅为世界平均水平的1/4、美国的1/5，在世界上名列121位，是全球13个人均水资源量最贫乏的国家之一。扣除难以利用的洪水径流和散布在偏远地区的地下水资源，中国现实可利用的淡水资源量则更少，并且水资源分布极不均衡。全国已有多个城市存在供水不足问题，其中比较严重的缺水城市达110个，全国城市缺水总量为60亿m^3。目前，占我国水资源总量1/3的地下水面临着过量开采的问题，地面沉降现象也因此变得越来越严重。在我国一半地区的浅层地下水遭到不同程度的污染，地下水污染趋势逐渐加重的城市有21个，情况十分严重。

我国自20世纪70年代开始了水资源保护工作。但随着经济建设的发展，人口的增加，乡镇企业的发展，不仅用水量大幅度增加，而且废水排放量也相应增加，全国水环境总体上呈恶化趋势。地下水水质每况愈下，在全国118个城市中，64%的城市地下水受到严重污染，33%的城市地下水受到轻度污染，从地区分布来看，北方地区比南方地区更为严重。海河流域地下水资源量为271.6亿m^3，受到污染的地下水资源量为171.5亿m^3，占总量的63.1%。在14.38万km^2的被评价面积中，已有61.7%面积上的地下水不适宜饮用，其中34.1%面积上的地下水不符合农田灌溉水质标准。

水污染加剧了一些地区的缺水程度。长江三角洲和珠江三角洲由于水体受到污染，成为污染型（水质型）缺水区。1994年，淮河特大污染事故，造成苏、皖两省150万人饮水困难。1996年春节后，淮河再次出现大污染，致使蚌埠70万人陷入水荒。

从国内外水资源保护情况比较看，水资源紧缺已经成为全球突出的问题，中国紧缺情况尤为突出。与发达国家相比还有以下三个方面的差距较大：

（1）科学规划、依法治水。发达国家非常重视水资源保护的科学规划，按照规划开发利用水资源，为此制定了许多配套法律，严格实施依法治水。近几年来，我国开始重视水资源保护的科学规划，新的水法用法律形式作了明确规定。

（2）水污染治理任务艰巨。发达国家已经走过了以牺牲环境为代价发展经济的阶段，在水污染的治理方面已经投入了大量资金，使水污染得到根本治理，并且采取强硬措施从源头上杜绝水资源污染。我国正处于大力发展经济时期，经济发展与水污染齐头并进，尽管已经认识到水污染的严重危害性，并采取了一系列措施，但水污染治理的任务还长期艰巨。

（3）合理配置水资源，节约用水。由于水资源紧缺及地域的分布不均，发达国家采取了多种手段合理调配水资源，如合理调水、科学节水、重复利用、经济调节等。一方面我国水资源紧缺，水资源地域分布不均；另一方面水资源浪费严重，节水和水资源重复利用技术手段落后。所有这些都需要我国加快南水北调的步伐，加大节约用水力度。

我国是世界上13个人均水资源量最贫乏的国家之一，水资源供需矛盾十分突出。因此，有必要借鉴国外先进的税收法律制度，建立符合我国国情的水资源保护税制来保护我国的水资源，实现水资源的合理配置，促进我国社会、经济、环境的可持续协调发展。

研究地表水与地下水之间的相互作用是水文循环不可分割的重要组成部分，是水资源评价和保护的主要工作之一。自20世纪60年代以来，地表水与地下水之间的相互转换研究范围不断扩大，涉及河流、湖泊、湿地、河口与地下水的相互作用等（Winter,1995）。

河流与地下水之间的相互转化既与地形、地貌、含水层岩性等许多因素有关，又随季节发生变化，二者是一个不可分割的整体，在水量交换的同时，水质也发生交换。河流（包括渠系）与地下水通常有着密切的水力联系，河流往往是地下水的主要补给来源或排泄去处。傍河水井开采往往能够获得河流补给的增加量或排泄量的减少量，容易形成稳定井流，增大了允许开采量。此外，河流的存在还对矿坑突水、基坑降水等存在重要的影响。因此，正确地刻画和处理河流与地下水的补排关系及其交换量对水资源的正确评价具有重要的意义。

水资源保护是实现水资源可持续利用的有效控制措施之一。我国对地下水资源的保护没有专门的地下水立法，主要通过其他部门法的相关条文进行规定，如《中华人民共和国水法》、《中华人民共和国水污染防治法》、《中华人民共和国水土保持法》以及一些地方性法规，而且对于违法超采行为追究的法律责任只有罚款这一单一形式，基本不涉及承担刑事责任的问题。但随着水资源保护实践的不断深化，水资源保护的概念逐步明确，内涵日益丰富，我国政府对此也会愈来愈重视。

第三节　存在的问题及研究的方法

一、存在的问题

研究区洛阳市是一个历史悠久的城市，新中国成立后城市工业有了很大的发展，城市生活污染和工业污染相当严重，地下水已明显受到污染，地下水质量逐年变差，尤其是浅层地下水硬度明显上升。另外，随着洛阳市城市规模的不断扩大，特别是进入20世纪80年代以来，城乡工农业需水量不断增大，地下水开采量逐年增加，从而导致地下水位逐年下降，地下水流场亦相继发生变化。

（一）地下水位下降

洛阳市区城市开采主要以浅层地下水为主，随着地下水开采量的不断增加，地下水位不断下降。根据2002～2008年的监测资料分析，近年来随着工农业生产的迅速发展，尽管水资源管理部门采取了节水增效管理措施，地下水开采量仍逐年增加。与此同时，地下水位埋深也在逐年加大。地下水环境的历史变迁与此有着密切关系。

2003～2009年，洛阳市经济飞速发展，人口急剧增多，工业和生活用水同时增加，导致原来洛河蓄水后填平的漏斗再次出现，其中张庄、临涧、东郊水源地的漏斗明显，张庄、临涧水源地的地下水位标高为128 m左右，此段同一时期的洛河水位标高为132 m，下池水源地的地下水流场亦有明显弯曲。

（二）地下水水质污染

随着洛阳市城市化的发展，洛阳市数百家工业企业每年都排放大量的工业废水。这些废水绝大部分都排入河道，少量被用做灌溉，渗入农田。涧西区工业废水经大明渠进入涧河，最后进入洛河；西工区及老城区工业废水多排入中州渠或瀍河下游，最终进入洛河；郊区工业点工业废水多直接排入伊河、洛河。同时，城市生活污水也大量排入涧河、大明渠、中州渠等渠系。1999 年，洛阳市实施洛河水面工程以来，水域面积增加，地表水位提高，地表水补给地下水，地表水受污染导致地下水的水质亦受到不同程度的污染。

究其原因，主要是洛阳市目前开采的地下水绝大部分为浅层地下水，浅层地下水由于埋藏浅，包气带渗透性好，防护能力差，所以地下水水质受人为活动影响较大，而市区河（渠）段两岸，工业垃圾和生活垃圾随意堆放，由于接纳大量工业废水和生活污水，河（渠）水等地表水体受到严重污染，甚至已达到或超过地表水Ⅴ类水质标准。污水经包气带下渗，进入地下含水层，造成地下水污染，通过地下水径流，使地下水位低槽中心污染加重。

污染机理分析：由于近几十年来地下水的不断开采，已导致地下水流场发生改变，从而使地下水化学场发生重分布，使地下水的水化学成分复杂化。另外，强烈的地下水开采导致包气带厚度增加，从而改变了地质体的氧化还原条件，促使某些介质发生氧化，当大气降水垂直入渗补给地下水时，氧化产物由于淋滤作用被带入地下水，从而使地下水中某些组分（如硫酸根、镁离子、钙离子）增加，不同程度地影响了地下水水质。例如，洛阳市浅层地下水硬度高值区与洛阳市集中水源地开采区分布相吻合。

除过度开发地下水导致地下水水质发生变化外，人为活动产生的污染源也导致了地下水水质恶化。

（三）地下工程淹没

从 1998 年 10 月开始，洛阳市政府为了增加洛河水对地下水的补给量，扩大傍河水源地的开采量和美化城市环境等，在洛河市区段建设了 5 级水面工程，并在 2008 年规划了第六级橡胶坝，均分布在洛河河道上。

水面工程建成后，洛河对地下水的补给量大大增加，从根本上遏制了地下水位持续下降的趋势，并使浅层地下水位逐步上升。到 2003 年年底，沿洛河展布的地下水开采复合降落漏斗基本消失，洛河水由垂直渗漏补给转化为侧向渗透补给地下水。洛阳市城区因开采形成的地下水低槽带也基本填平，与此同时，也出现了洛阳玻璃厂、耐火材料厂人防工程涌水，洛阳第二外国语学校教学楼产生不均匀沉降、变形，同时引起建筑基坑涌水，需先降水后再施工，大大提高了建筑成本，给工程建设带来了一系列不利影响。

（四）地面沉降

洛阳市涧西区因大规模开采地下水，地下水位下降，形成了地下水降落漏斗，引发了地面沉降发生，沉降范围约 12 km^2，中心最大沉降量 100 mm，造成了建筑物开裂破坏。

二、研究的方法

地下水资源保护是研究地下水系统在自然条件与人类活动影响叠加状态下地下水动力场及化学环境演化与地下水资源可持续开发利用的综合性课题。因此，本书的研究采用水文地质、水文地球化学、环境水文地质学等综合的研究方法，以演化的观点为指导，动态地研究地下水环境变化的过去轨迹、现在状况和未来趋势；从整体的观点出发，定量地研究地下水系统的形成过程及其地下水动力场、化学场的相互关系；以环境的观点为依托，系统地研究人类活动影响下地下水资源开发利用与经济、社会发展的协调关系，分析研究地下水系统对外部环境变化的响应与反馈的时效性及敏感性，为地下水环境的改善保护及地下水资源的可持续利用提供可靠的信息和科学的依据。

由于洛阳市区目前开采的地下水绝大部分为浅层地下水，因此把洛阳市城市浅层地下水作为本书的研究对象。本次研究在查阅国内外专业文献，了解本领域研究现状的基础上，根据研究区存在的水文地质问题，以实现地下水资源保护和合理开发、为城市建设服务为目的，充分收集资料，在区域水文地质调查的基础上，系统分析水资源，以专项水文地质测量为重要手段，综合研究并计算出地下水资源量，对洛阳市地下水水源地保护区进行划分，并提出地下水资源的保护措施等。

本书研究的技术路线见图1-1。

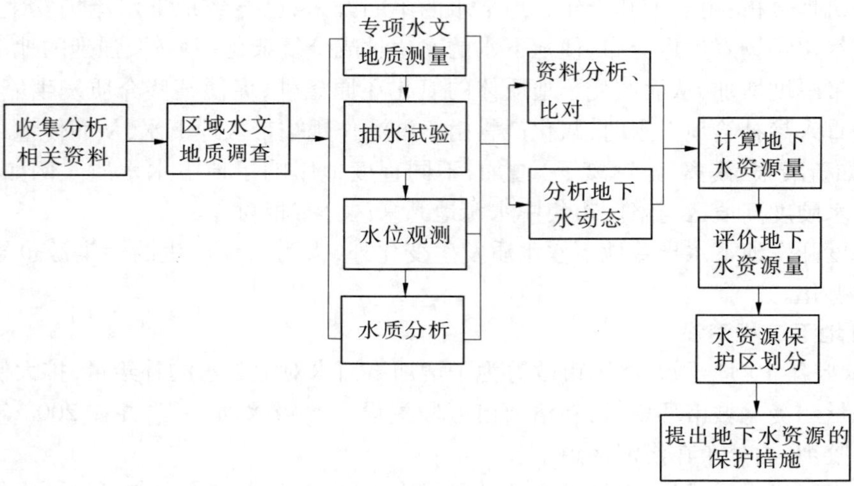

图1-1 本书研究的技术路线

本书完成的工作量见表1-1。

表1-1 本书完成的工作量

水文地质调查			收集资料
调查面积(km^2)		544	2008年及以往气象资料
地质地貌点(个)		49	河渠等水文资料
水位统调点(点/次)		212	洛阳统计年鉴(2008年)
机、民井抽水(个)		10	洛阳市地下水动态长期观测资料(2002～2009-06)
水质分析	全分析(组)	22	洛阳市集中供水开采情况(2001～2008年)
			2008年洛阳水资源公报
	污染分析(组)	2	洛阳市地下水资源开采量表
	收集(组)	11	1:20万洛阳、临幅水文地质普查报告
地下水开采量调查(km^2)		544	洛阳城市总体规划批前公示
双环渗水试验(组)		3	洛阳市给水工程规划

第二章　研究区地理与地质背景

第一节　自然地理

洛阳市位于河南省西部，地处亚欧大陆桥东段，横跨黄河中游两岸，“居天下之中”。东邻郑州，西接三门峡，北跨黄河与焦作接壤，南与平顶山、南阳相连。东西长约 179 km，南北宽约 168 km。陇海铁路、焦枝铁路干线在区内交会，连霍高速公路、310 国道、207 国道交错，公路网络四通八达，地理位置较为优越，见图 2-1。

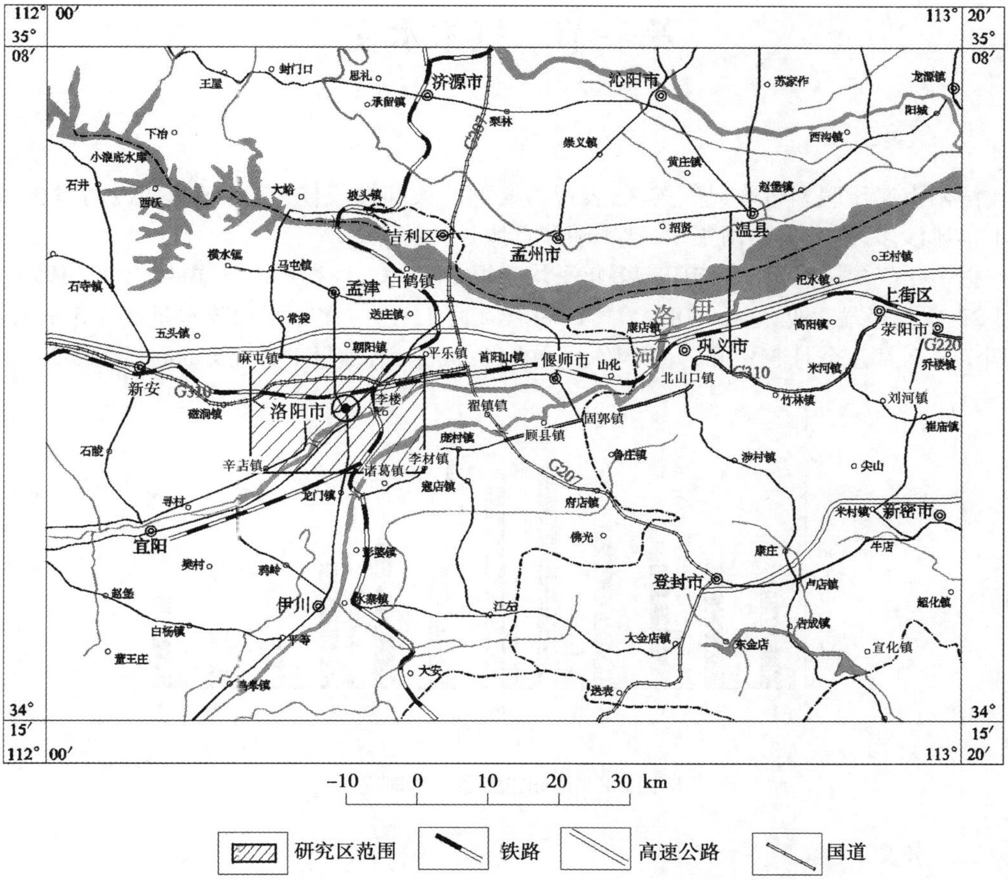

图 2-1　洛阳市交通位置

本书研究区为整个洛阳市区，面积约 544 km^2。

第二节 社会经济

洛阳市位于河南省中西部，是中原城市群中的重点城市，是举世闻名的历史文化名城，洛阳"龙门石窟"被评为世界文化遗产。这座优美的城市有"十三朝古都"之称，在中华民族五千年文明史上，曾几度繁荣，占有重要的历史地位。洛阳作为国家重点建设城市，是一座以机械、电力、冶金、纺织、建材、橡胶、化工、玻璃、电子等多种工业为主的工业城市，具有较强的工业经济基础和雄厚的科技实力。

随着国民经济的飞速发展，洛阳市城市规模日益扩大，工农业生产不断发展，人口不断增多，各种需水量也逐年增加。地下水资源作为城市建设发展的基础，开展洛阳市地下水资源保护研究工作，寻找新的有效的节约用水、防治水污染的方法和手段，为城市提供基础的生活保障，对洛阳经济的可持续发展具有十分重要的意义。

第三节 气象水文

一、气象

洛阳市属于暖温带季风气候区，表现为典型的大陆性气候，具有冬季寒冷雨雪少，春季干旱风沙多，夏季炎热雨集中，秋季晴和日照长的特点。

据多年气象资料分析，洛阳市多年平均气温 14.7 ℃，极端最高气温 44.2 ℃（1996 年 6 月 22 日），极端最低气温 -18.2 ℃（1969 年 2 月 1 日）。多年平均降水量 578.5 mm，丰水期 7、8、9 月三个月 319 mm，占年降水量的 58.56%，蒸发量 1 198.5 mm，见图 2-2。

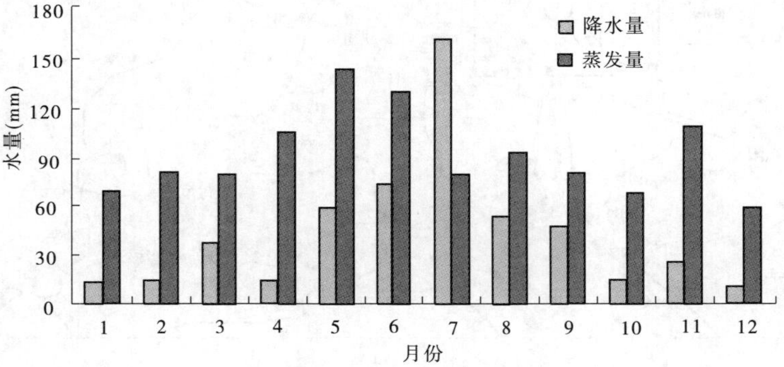

图 2-2 洛阳市气象要素时程

二、水文

洛阳市属于黄河流域的伊洛河水系，主要河流有洛河、伊河及洛河支流涧河和瀍河，主要干渠有中州渠、伊东渠，主要水库为金水河水库。

洛河发源于陕西省洛南县，属黄河支流，经宜阳于延秋街流入市区内，从西南向东北穿过洛阳市区，在偃师与伊河汇合。河床一般宽 54 ~ 70 m，水深 0.5 ~ 1.5 m。1993 年，洛河上游故县水库建成投入使用，改变了洛河的天然径流状态；洛河长年有水，每年6 ~ 9 月为汛期，水位受季节性变化明显，据 1971 ~ 2006 年白马寺水文站资料统计，多年平均流量 45.04 m^3/s，最大洪峰流量 5 380 m^3/s，多年平均含沙量 8.4 kg/m^3，见图 2-3。

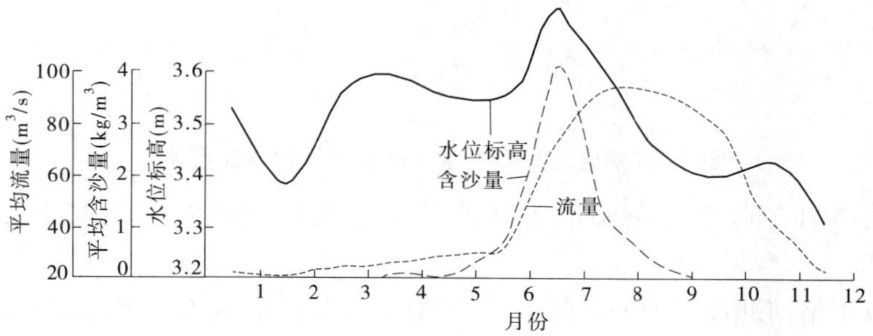

图 2-3　洛河白马寺水文站多年平均水文要素

1999 年，洛阳市开始在洛河河道上修建洛河水面工程，2000 年 4 月上阳宫水面工程建成蓄水，2001 年 4 月同乐园水面工程建成蓄水，2002 年 4 月洛神浦水面工程建成蓄水，2004 年 9 月周山水面工程建成蓄水，坝体均采用橡胶材料。水面工程每年 7 月初至 9 月底塌坝放水，4 ~ 9 月为蓄水期。目前，五期水面工程均已建成，第六期工程正在工程施工之中，洛河水面工程蓄水彻底改变了洛河在市区段的径流状态。

伊河是洛河的最大支流，发源于栾川县伏牛山北麓，经伊川流入区内，从龙门呈西南—东北向流动。受伊河陆浑水库影响，动态变化较大，据龙门水文站观测资料，最大流量为 120 m^3/s，最小流量为 13.63 m^3/s，多年平均流量为 22.89 m^3/s，径流量为 9.05 亿 m^3；枯水年（1972 年）最大流量为 72.5 m^3/s，最小流量为零，年径流量为 3.4 亿 m^3，见图 2-4。

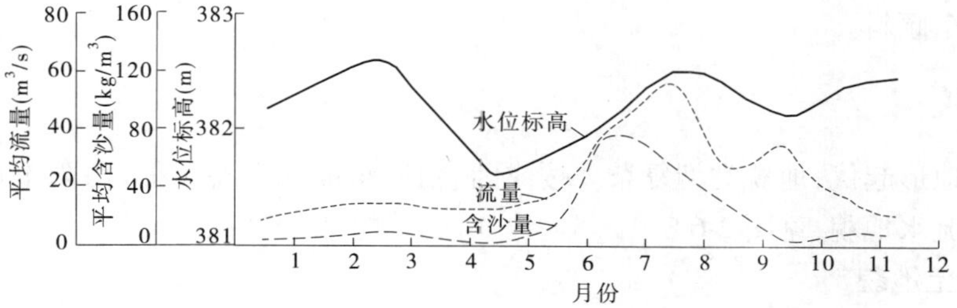

图 2-4　伊河龙门水文站多年平均水文要素

洛河、伊河在偃师市杨村附近汇合为伊洛河，于巩义市神北汇入黄河。据黑石关水文站观测资料，伊洛河最大流量为 176.0 m^3/s，最小流量为 17.52 m^3/s，多年平均流量为 71.52 m^3/s，见图 2-5。

涧河属洛河支流，由新安县进入市区，于兴隆寨村汇入洛河。据涧河新安县水文站资料，多年平均径流量为 1.0 亿 m^3，最大年径流量为 3.089 亿 m^3（1964 年），最小年径流量为 0.29 亿 m^3。由于接受了一部分城市污水，水质较差。

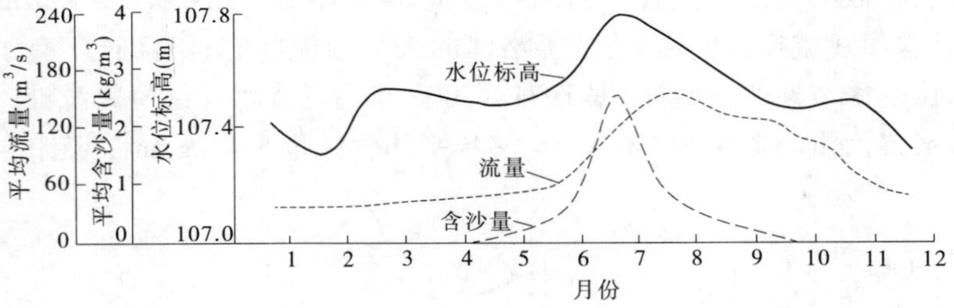

图 2-5 伊洛河黑石关水文站多年平均水文要素

瀍河亦属洛河支流,位于洛阳市北西部,多年平均径流量为 0.28 亿 m^3,近年来枯水期几近干枯。

中州渠位于洛河北岸,1959 年兴建,为引洛河水及接纳城市污水的混合农灌渠,渠首在洛阳市区瀍河口上游,全长 50 km。引水能力可达 6 m^3/s,总设计灌溉面积 7 万亩❶。中州渠现在基本成为洛阳市排污渠。

伊东渠位于伊河南岸,渠首位于龙门镇部庄,引伊河水,渠长 35 km 左右,引水能力 13 m^3/s,总设计灌溉面积 10.8 万亩,实灌面积 8 万亩。多年平均引水量 8 442 万 m^3,目前渠水亦遭到水质污染。

第四节 地形、地貌

一、地形

洛阳市北依邙山,南抵嵩山,西有崤山,中东部为伊洛河冲积平原,构成三面环山、向东敞开的箕形地形。总地势呈西高东低,南北高中间低,由中心至周边地形渐次升高,且整体由西向东倾斜。

二、地貌

洛阳市地形起伏,地貌类型复杂。按成因、物质组成和形态特征,洛阳市地貌可分为黄土地貌和流水地貌,见图 2-6。

(一)黄土地貌

黄土地貌分布于洛阳市西北部,地面标高 170 ~ 270 m,地表岩性为上更新统风成黄土,下伏古近系、新近系,基底为中生界砂页岩。略向河谷倾斜,冲沟发育,切割深度大于 15 m。黄土柱、黄土崩塌、黄土滑坡等微地貌及不良地质现象发育。

(二)流水地貌

1. 洪流平地

洪流平地分布于丰李—龙门、诸葛—李村一带,叠加于一级阶地后缘,前缘界线不清,

❶ 1 亩 = 1/15 hm^2。

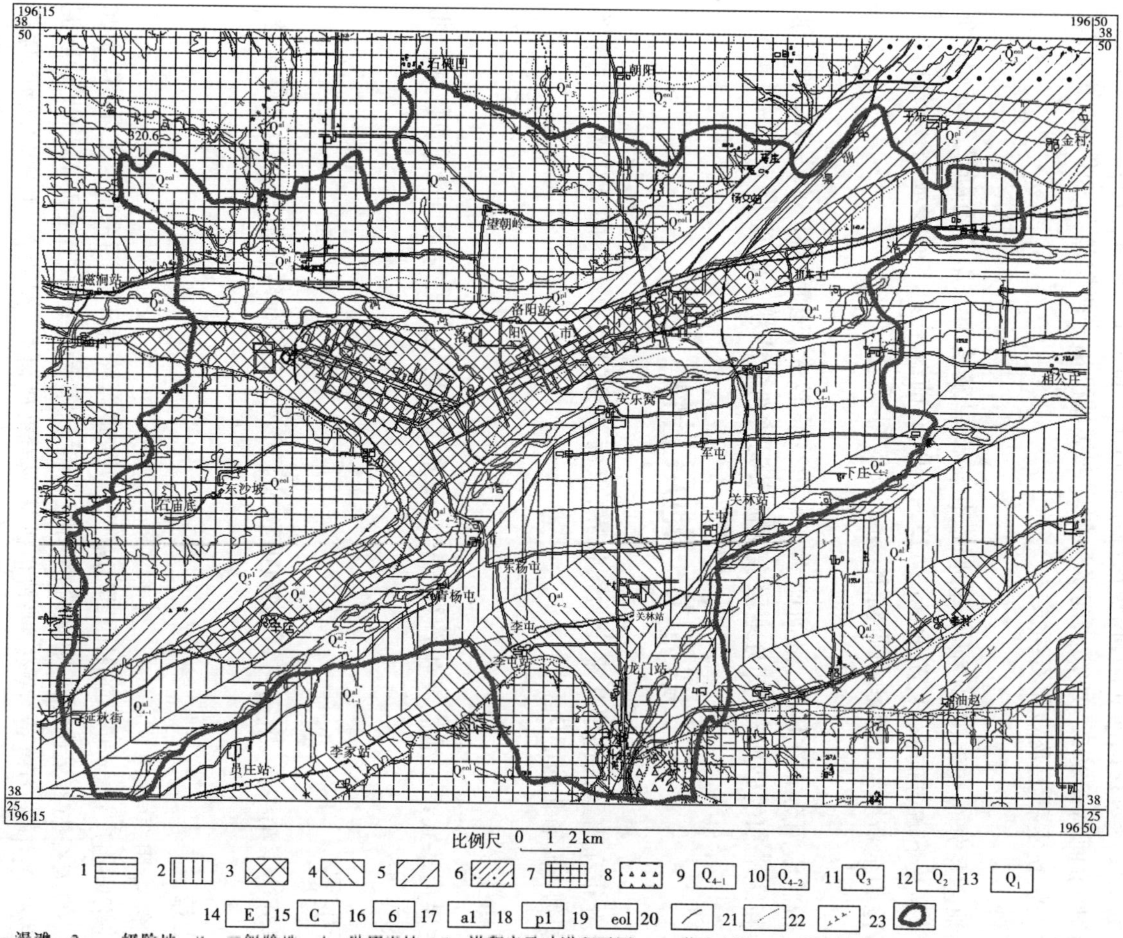

1—漫滩；2—一级阶地；3—二级阶地；4—洪流平地；5—洪积扇及冲洪积平原；6—黄土台塬；7—黄土丘陵；8—基岩山地；9—全新统下段；10—全新统上段；11—上更新统；12—中更新统；13—下更新统；14—老第三系；15—石炭系；16—寒武系；17—冲积；18—洪积；19—风积；20—地貌分区界线；21—时代成因界线；22—正断层；23—保护区范围

图 2-6　洛阳市地质、地貌

地形上为多个扇形并联而成的缓倾斜平地，组成物质为粉质黏土及薄层砂砾透镜体。

2. 河谷阶地及冲积平原

河谷阶地及冲积平原区内主要为伊洛河河谷平原，呈北东向展布，平坦开阔，西高东低，阶地、漫滩呈阶梯状相连，沿河两侧不对称分布。

1）二级阶地

二级阶地主要分布在洛河北岸，在伊河南岸的高崖一带亦有小面积分布。阶面平坦，微向河谷倾斜，阶面高程 125 ~ 150 m，前缘呈陡坎或缓坡高出一级阶地 3 ~ 10 m。由上更新统冲积黄土状粉质黏土及砂卵石组成。

2）一级阶地

一级阶地主要分布在洛河、伊河河间地块，伊河南岸及洛河北岸亦有断续分布，阶面平坦，微向河谷及下游方向倾斜，阶面标高 115 ~ 140 m，前缘呈陡坎或缓坡高出漫滩 2 ~ 4 m。组成岩性为全新统河流堆积粉质黏土、粉土及砂卵石。

3）漫滩

漫滩呈带状沿河分布在伊河、洛河两岸。地形变化较大，地面标高 115 ~ 137 m。组成物质为全新统堆积的砂卵石，部分地段表层被淤泥质粉砂或粉土覆盖。

第五节　地层岩性

洛阳市分布和出露的地层几乎全为新生界，仅南部龙门低山出露前新生界基岩。洛阳市出露的地层属华北地层区。

一、前新生界

前新生界为寒武系碳酸盐岩和石炭——二叠系煤系地层。地层走向近东西，倾向北偏东，倾角 8° ~ 15°。

二、新生界

新生界分为下第三系、上第三系和第四系。因下第三系仅在延秋附近零星出露，故叙述从略。

（一）上第三系

1. 中新统洛阳组

中新统洛阳组广泛分布于洛阳西部和南部，其余地区掩埋于第四系地层之下，仅于北部“邙山岭”的沟谷中零星出露。中新统洛阳组岩性下部为浅黄、黄白色砂砾岩夹砂质泥岩及钙质结核层；中部为橙黄、浅红、褐黄色砂质泥岩夹砂砾岩、泥灰岩；上部为浅红、棕红色砂质泥岩夹泥灰岩、砂砾岩。东沙坡可见厚度 12 ~ 83 m。洛阳组构成了“近代洛阳盆地”的“基地”，亦为外围黄土台塬的“基础”。

2. 上新统

上新统小范围分布于洛阳西部。主要岩性为紫红、褐红色黏土 - 亚黏土夹多层钙质结核层及透镜状砾石层。黏土中含多量钙质结核，黑色铁锰质发育，并见灰绿色斑块；砾石成分多为钙质结核,少量为石英岩。

(二)第四系

第四系分为两大岩相,即冲洪积砂卵石相和风积黄土相。

1. 冲洪积砂卵石相

冲洪积砂卵石相多分布于近代洛阳盆地中心部位,厚度巨大。第四纪以来连续堆积,地层之间假整合接触。上、下地层岩性极近一致,钻探取样多为卵石。卵石成分为浅色石英岩、石英砂岩、长石石英砂岩和暗色火山岩;直径 7 ~ 12 cm 者居多,大者 15 cm 或更大;次棱 - 次圆状;分选性差。第四系划分为上、中、下更新统及全新统,其地层特征如下。

1)下更新统

下更新统为卵石层夹亚砂土及砂透镜体,顶部为浅黄色黏土。卵石之间多充填灰绿色泥沙,近似胶结。卵石多有风化,较深者手捏即碎,揉搓即成粉末。下更新统分布于近代洛阳盆地中心地带,军屯附近厚度 25 m 左右。

2)中更新统

中更新统下部与下更新统相似。卵石中充填的泥沙明显减少,风化亦较之为轻。上部与上更新统接近,只是亚砂 - 亚黏土夹层多于上更新统。近代洛阳盆地中部厚度最大,军屯附近 86.3 m。盆地边缘亦有堆积,厚度小于 10 m。

3)上更新统

上更新统亚黏土、砂卵石夹粉砂透镜体。砂卵石疏松,其间无泥质充填,或局部略含泥质。卵石直径最大者达 20 cm 以上。厚度为:盆地中部大于 50 m,辛店附近小于 15 m,涧西—白马寺为 25 ~ 55 m。

4)全新统

全新统冲积物为砂卵石。上部堆积砂土、亚砂土及亚黏土,砂卵石与上更新统近似。魏屯—花园以西洛河河谷及涧河河谷全新统厚度小于 10 m,该线以东 25 ~ 50 m,其中砂卵石厚 18 ~ 43 m。

另外,盆地边缘的冲沟沟口分布全新统的洪积亚黏土及砂砾透镜体,厚度小于 5 m。

2. 风积黄土相

风积黄土相多分布于近代洛阳盆地外围的黄土台塬及北部边缘。地层之间多为不整合接触,主要岩性为黄土状土夹古土壤层。第四系划分为中、上更新统及全新统,其地层特征如下。

1)中更新统

中更新统下部为密集古土壤层,由红褐色及红黄色黏土 - 亚黏土相间,层间有或无钙质结核层;上部为棕黄色黄土状土夹数层红褐色古土壤,多者可见 8 层。黄土状土具大孔隙,垂直节理发育。中更新统黄土多分布于"邙山岭",盆地边缘亦有分布。厚度因侵蚀程度不同而变化较大。

2)上更新统

上更新统为褐黄色黄土夹一层棕褐色古土壤。黄土疏松,具大孔隙,垂直节理发育,厚度一般为 5 m 左右。在黄土台塬区沟谷中及盆地的河流高阶地上多有分布。

3）全新统

全新统为灰褐色、褐黄色黄土状土，底部为黑褐色古土壤（黑垆土）。在上更新统黄土上多有堆积，厚度为 1 m 左右。市区分布普遍，最大厚度为 8 m。

第六节　地质构造

一、地质构造

洛阳市所处的近代洛阳盆地是在燕山运动形成的古洛阳盆地的基础上形成的。古洛阳盆地在构造上亦称洛阳拗陷，位于华北陆块的西南缘，是中生代末期形成的北东向断陷盆地。盆地南为嵩山背斜，北部有垂直断距近数千米的首阳山断裂，形成了盆地基底南高北低的掀斜形态，盆地内中生界埋深达 1 000 ~ 3 000 m。因历经多次构造变动，盆地基底断裂构造发育，主要发育有东西向、北东向、北西向三组断裂，在三组构造体系，特别是近东西向构造体系的控制，决定了本区的基本轮廓和展布，导致区内地貌形态展布多为东西向或近东西向，局部为北东向或北西向。

从区域上看，东西向构造形成时间最早，规模大，切割深，且最近仍有活动。区内主要为首阳山断裂，自洛阳至偃师呈东西向展布。为一断面南倾的高角度正断层，垂直断距约 2 000 m，倾角大于 70°。北盘上升，主要由二叠系砂岩组成，上覆（Q^{2+3eol}）黄土；南盘下降，主要有 230 余 m 的第四系河湖相沉积。断裂两侧地貌及地层岩性的差异，反映出断裂带晚近期活动强烈。该断裂构成洛阳盆地的北部边界，对新生代地层及水文地质条件具有明显的控制作用。

北西向的断裂构造主要有新安—平顶山（伊川）断裂、龙门—米庙断裂等。新安—平顶山（伊川）断裂，在新安龙潭沟可见其断裂带，破碎带宽约 20 m，中部为强烈挤压、揉皱的下寒武系泥页岩夹灰岩，北侧为一垂直的糜棱岩带的压性断裂，南侧为一张性角砾岩断裂。在新安南暖泉沟沿有多条走向 310°的宽大裂隙，沟中温泉即沿裂隙流出。龙门温泉与龙门—米庙断裂关系密切。

北东向断裂在区内有石陵—孟津断裂，南缘有连地—关林断裂、平乐—西虢断裂。这些断裂切断了邙山，所形成的下降地块沟通了洛阳盆地和济源盆地，见图 2-7。

二、新构造运动

前述各构造体系的生成、发育和复合，为新构造运动奠定了基础。新生代以来，构造运动以差异性、间歇性升降运动为基本特征，这正是大型断裂继续活动的结果。

新生代以来，北部邙岭区长期持续抬升遭受侵蚀，形成基岩丘陵地貌景观，赋存有基岩裂隙水。盆地区长期相对下降，接受沉积，形成河谷平原地貌景观，为孔隙水的赋存提供了良好的储存空间。

从沉积物的岩性、岩相、厚度、地形地貌分析，它具有多旋回沉积特征，显示出升降运动的差异性。早更新世研究区以沉积为主，在新近系河湖相沉积的基础上普遍沉积了 80 ~ 180 m 厚的河湖相地层。中更新世开始缓慢上升，拗陷区继续接受沉积，同时在岭上

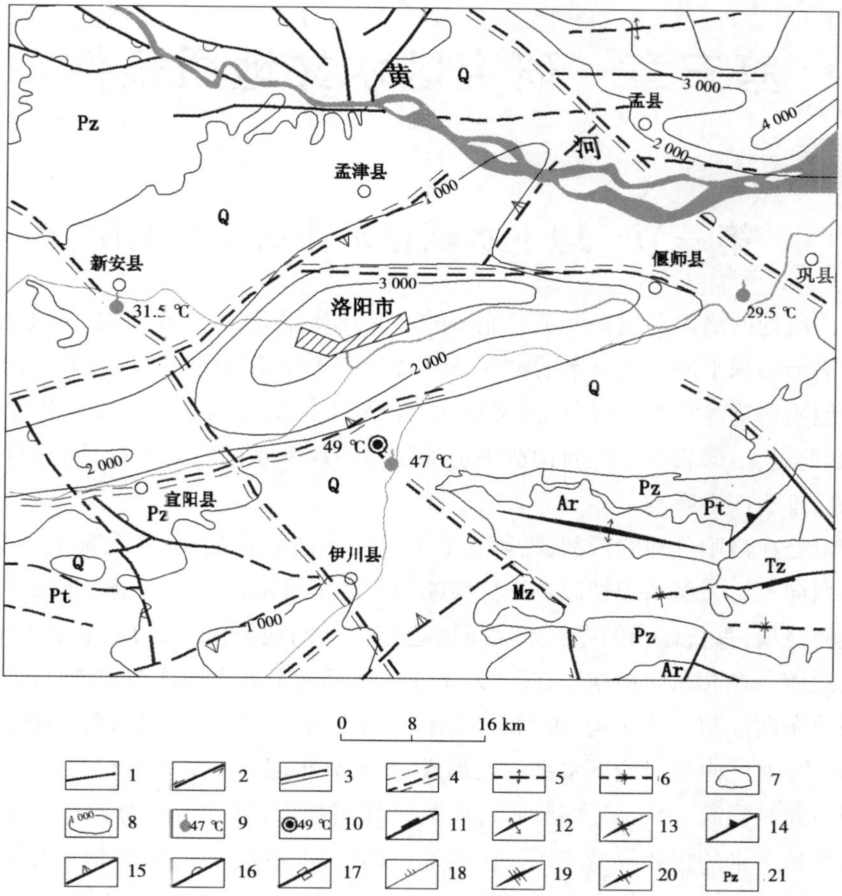

1—压性压扭性断裂;2—扭性断裂;3—活动断裂;4—推测或隐伏断裂;5—隐伏背斜;6—隐伏向斜;
7—新生界边界线;8—新生界底板等深线(m);9—温泉、热泉及水温;10—热水钻孔及水温;
11、12、13—东西向构造体系;14—新华夏构造体系;15—华夏式构造;16、17—豫中北西向构造带;
18、19、20—晋东南山字型构造带;21—地层时代

图2-7 区域地质构造

接受了风成堆积,并夹有数层古土壤,表现为升降运动中伴有相对稳定的时期。中更新世晚期,伊洛河形成河流,伊河、洛河分别从南、西方向切开邙岭进入洛阳市,从而改变了市内仅以周边支流冲积和散流坡积而形成的堆积环境,洛阳市区形成了宽广的河流冲积平原。晚更新世,邙岭区继续抬升,河谷区接受粗颗粒相的沉积,同时其他区域堆积了风成黄土。全新世以来,本区大面积抬升,脱离沉积环境,而伊洛河河谷则接受冲积落淤,厚度15~30 m。洛阳市自中心至周边,地形渐次升高,由低到高地貌类型依次为伊洛河河谷平原区、黄土丘陵(台塬)区、基岩山区,这种有规律的展布反映了洛阳市所在的洛阳盆地形成以来不同时期的古地理环境。

第三章　研究区水文地质条件

第一节　地下水赋存条件及分布规律

洛阳市所处的洛阳盆地是一个较完整的水文地质单元，周边由山地、黄土丘陵组成，中部为伊洛河冲积平原。地下水的赋存条件及分布规律主要受气象、水文、地形地貌、地层岩性及地质构造等控制。气象、水文对盆地内地下水的补给、径流、排泄条件起着重要作用，地形地貌、地层岩性及地质构造决定了盆地内地下水的空间分布，同时对地下水的补给、径流、排泄产生影响。

洛阳市处在洛阳盆地的西部，洛阳盆地为一北东向断陷盆地，其发育主要受北东北、东北及东西向三组大型断裂控制。这三组断裂奠定了洛阳市所在区域的地质地貌景观以及水文地质格局，垂直运动的差异加大了周边与中部的地形高差，构成了洛阳市四周高、中间低的地貌。在北东向控制下，浅层地下水含水系统呈北东向展布，其厚度及空间变化明显受到北东向控制。北东向构造的活动控制了晚更新世—全新世河流的分布及其侵蚀、堆积能力，对区内浅层地下水系统的形成、空间分布起着决定作用。

洛阳市属半湿润、半干旱大陆性气候，蒸发作用强烈，降水量相对较小且集中。大气降水入渗为地下水的主要补给来源。区内地势起伏，水系发育。洛河、伊河对两岸浅层地下水补给、径流、排泄条件产生重大影响。本区地层岩石种类繁多，除不同性质、不同成因的松散岩类外，还有沉积的碳酸盐及碎屑岩，形成了不同类型的地下水。地表岩性是区内直接接受大气降水入渗补给的媒介，它们的性质影响着地下水的补给条件。而不同时期的构造运动在本区形成了以东西向为主的构造体系，这些构造体系的主要构造控制了本区地层岩石和各种地貌类型的空间分布，进而控制了不同类型地下水的空间分布；遍布于地层岩石中的断裂、裂隙及外力地质作用形成的风裂隙，以及在此基础上形成的溶洞，为不同类型地下水提供了储存和运移空间。上述各种因素共同作用的结果，对区内地下水的形成及其富水性产生了重要影响。

在碳酸盐岩类分布区，裂隙溶洞发育，赋存有裂隙溶洞水；在碎屑岩类分布区，赋存有孔隙裂隙水。由于山区地势起伏很大，沟谷深切，不利于降水入渗补给及地下水的储存。因此，基岩山区地下水一般较贫乏。

在北部及西部邙山丘陵区，黄土台塬丘陵区堆积了几米至几十米厚的以风成为主的黄土，其垂直节理及大孔隙发育，垂直渗透性能较强，为地下水的垂直入渗补给创造了有利条件。因而，在黄土台塬及丘陵区普遍存在黄土孔隙、孔洞、裂隙潜水。由于分布地形高，地形坡度大，沟谷发育，切割强烈，不利于地下水的补给、储存，而有利于地下水的径流及排泄，加之含水层岩性为黄土（粉土），含水性较差，地下水资源极为贫乏。

黄土台塬丘陵区下伏的下更新统，新近系的砂、卵石，由于时代相对较老，压密程度高，局部胶结成岩，且地势相对较高，地下水主要通过上覆黄土下渗补给，由于补给不足，因而富水性相对较差。

伊洛河冲积平原区在第四纪以来长期沉降，沉降幅度较大。由于地形相对较低，是地表水和地下水的汇集场所。在洛河、伊河的漫滩区，一级、二级阶地区，松散堆积物为第四系及新近系冲积、湖积及湖积物，一般为粉质黏土、粉土、砂及卵石互层的双层结构，表层多为粉土和粉质黏土，地层坡度小，地下水位埋藏较浅，地表水及地下水径流滞缓，有利于大气降水入渗补给，下伏以卵石层为主的含水层，厚度较大，结构疏松，分选磨圆度较好，渗透性能较好，第三系砂质黏土或砂页岩为底板，埋藏有丰富的孔隙潜水，为地下水丰富、极丰富区。

但从整个伊洛河冲积平原看，地下水含水层的厚度、粒度及富水性在横向、纵向及垂向上都具有明显的变化。从横向看，由漫滩至一级、二级阶地，从阶地前缘到阶地后缘含水层厚度由厚变薄，粒度由粗渐细，含水层埋藏逐渐变深，浅层地下水富水性渐次减弱。尤其是伊洛河河间地块及漫滩区位于伊洛河主流带，含水层巨厚，含水层颗粒粗，卵石分选性、磨圆度好，含水层直接裸露地表或覆盖层较薄，渗透性能好，地表水的侧渗补给作用明显，地下水资源极为丰富，一般多大于 3 000 m^3/d。在两侧一级阶地及二级阶地区，多具上细下粗的二元结构，上部为粉土覆盖，下部为粗砂、砂卵石，补给能力相对较差，富水性较漫滩差，一般为 1 000～3 000 m^3/d。从纵向看，从上游至下游含水层厚度由薄变厚，但含水层颗粒从西南向北东由粗变细，因此由上游至下游，富水性由好变差。从垂向看，由于沉积时代不同，上下压密程度不同，由上至下，孔隙率变小，富水性变弱，因而区内中深层地下水富水性较浅层地下水富水性差。

第二节　地下水类型及富水性分区

研究区地貌类型主要有基岩山地、黄土丘陵、洪积扇、河谷阶地等。根据地下水的埋藏条件、水理性质和水力特征，将区内地下水分为两种类型，即松散岩类孔隙水和碳酸盐岩类裂隙岩溶水，见图 3-1。黄土丘陵、洪积扇、河谷阶地区主要分布着不同成因的松散岩类，赋存着松散岩类孔隙水。基岩山区的地层岩性主要为碳酸盐岩，也有少量岩浆岩及变质岩。其中，碳酸盐岩中赋存有碳酸盐岩裂隙岩溶水。

地下水的富水性以单井涌水量、泉流量及地下水径流模数为主要指标。松散岩类孔隙水以单井涌水量为主要指标，而基岩地下水则以泉流量或地下水径流模数为主要指标。

现将松散岩类孔隙水的富水性分述如下：

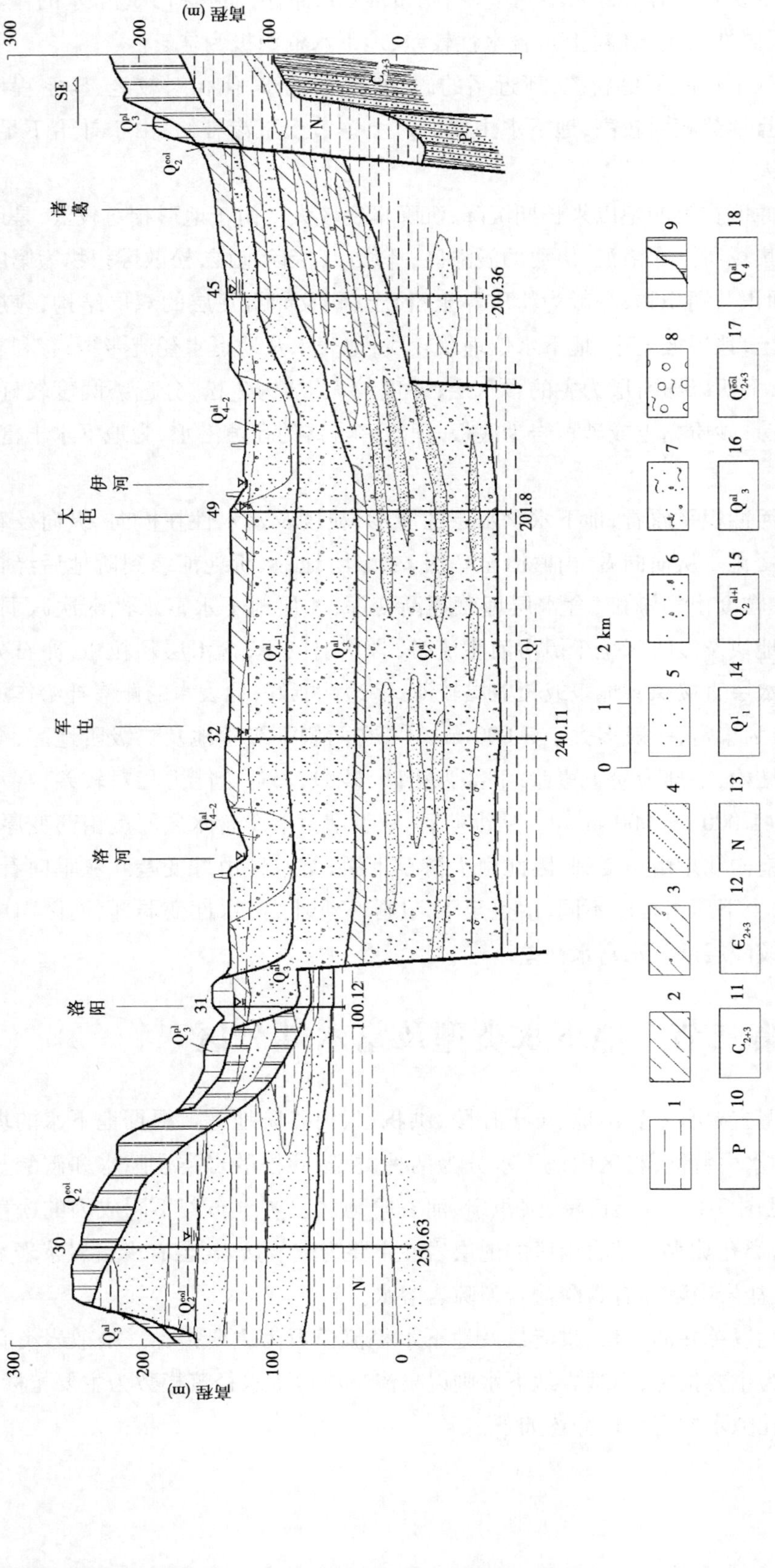

1—黏土；2—粉质黏土；3—含砾粉质黏土；4—粉土；5—中细砂；6—砂砾石；7—泥质砂砾石；8—泥卵石；9—黄土；10—二叠系；11—石炭系中、上统；12—上寒武系中统；13—上第三系；14—下更新统湖积层；15—中更新统冲洪积层；16—上更新统冲洪积层；17—中、上更新统风积层；18—全新统冲积层

图 3-1 伊洛河上游洛阳—诸葛水文地质剖面

松散岩类孔隙水具有多时代成因、多层结构储水构造特征，以地层时代成因为基础，水文地质要素为依据，开采利用为目的，将它分为三个含水层组，见图3-1和图3-2。

(1)第一含水层组。相当于全新统、上更新统(Q_4^{al+pl}、Q_3^{al+pl})含水层组，为河流冲洪积相，含水层岩性主要为砂及砂卵砾石层，呈下粗上细的二元结构，主要分布于伊洛河河谷地带。

(2)第二含水层组。相当于中更新统(Q_2^{al+pl})，分布于黄土丘陵区及洛阳盆地中西部，主要为河湖相沉积，岩性为含泥质砂砾卵石层，局部半胶结状，该层组于工作区局部或全部被疏干。

(3)第三含水层组。相当于下更新统(Q_1^{al+pl})，主要分布于洛阳盆地内，为河湖相沉积，岩性为砂及砂砾石层，靠近山前为砂卵砾石。

根据含水层埋藏深度和水力性质及开采技术条件，又将本区松散岩类孔隙地下水分为浅层地下水(相当于第一、二含水层组)和中深层地下水(相当于第三含水层组)。

一、浅层地下水

浅层地下水含水层组在河谷平原区由全新统、上更新统冲洪积形成的一套砂卵石，在以粗砂砾石、中粗砂为主的粗颗粒地层，含水层底板埋深为60～90 m，含水层厚度为30～50 m，在此之间无稳定的隔水层。伊洛河冲积平原区浅层地下水埋藏浅，水量丰富，是本次调查的主要对象，亦是区内工农业用水的主要开采层；黄土丘陵区及山前冲洪积平原区由上更新统和中更新统黄土状粉土、砂砾石、砂卵石组成。含水类型以孔隙裂隙水和孔隙水为主，由于所处的地貌部位不同和含水岩性的差异，富水程度变化较大。

根据研究区内已有钻孔及机、民井抽水试验资料，浅层地下水富水性统一按5 m降深单井涌水量划分为水量极丰富区、水量丰富区、水量中等区和水量贫乏区四个等级，见图3-3。

(一)水量极丰富区

水量极丰富区分布在研究区关林至位屯以下的伊洛河河间地块、洛河北岸傍河地带，含水层以砂卵石为主，漫滩区水位埋深为2～8 m。一级阶地区水位埋深为8～15 m，含水层厚度一般为30.5～50 m，渗透系数为100～140 m/d，单井涌水量大于3 000 m^3/d。

(二)水量丰富区

水量丰富区分布在涧西谷水及陇海铁路以南的市区直到洛阳市最东边界的洛河北岸，伊河南岸一级阶地。一级阶地含水层以砂卵石层为主，厚度为8～30 m，水位埋深为3～15 m；洛河二级阶地及涧河三级阶地以砂卵石及透镜体为主，厚度为10～20 m，单井涌水量为1 000～3 000 m^3/d，渗透系数涧河河谷区为45～70 m/d，洛河北岸一级阶地区为30～80 m/d。

(三)水量中等区

水量中等区分布在南部山前倾斜平原区，含水层为泥质砂砾石，一般厚度为10～15

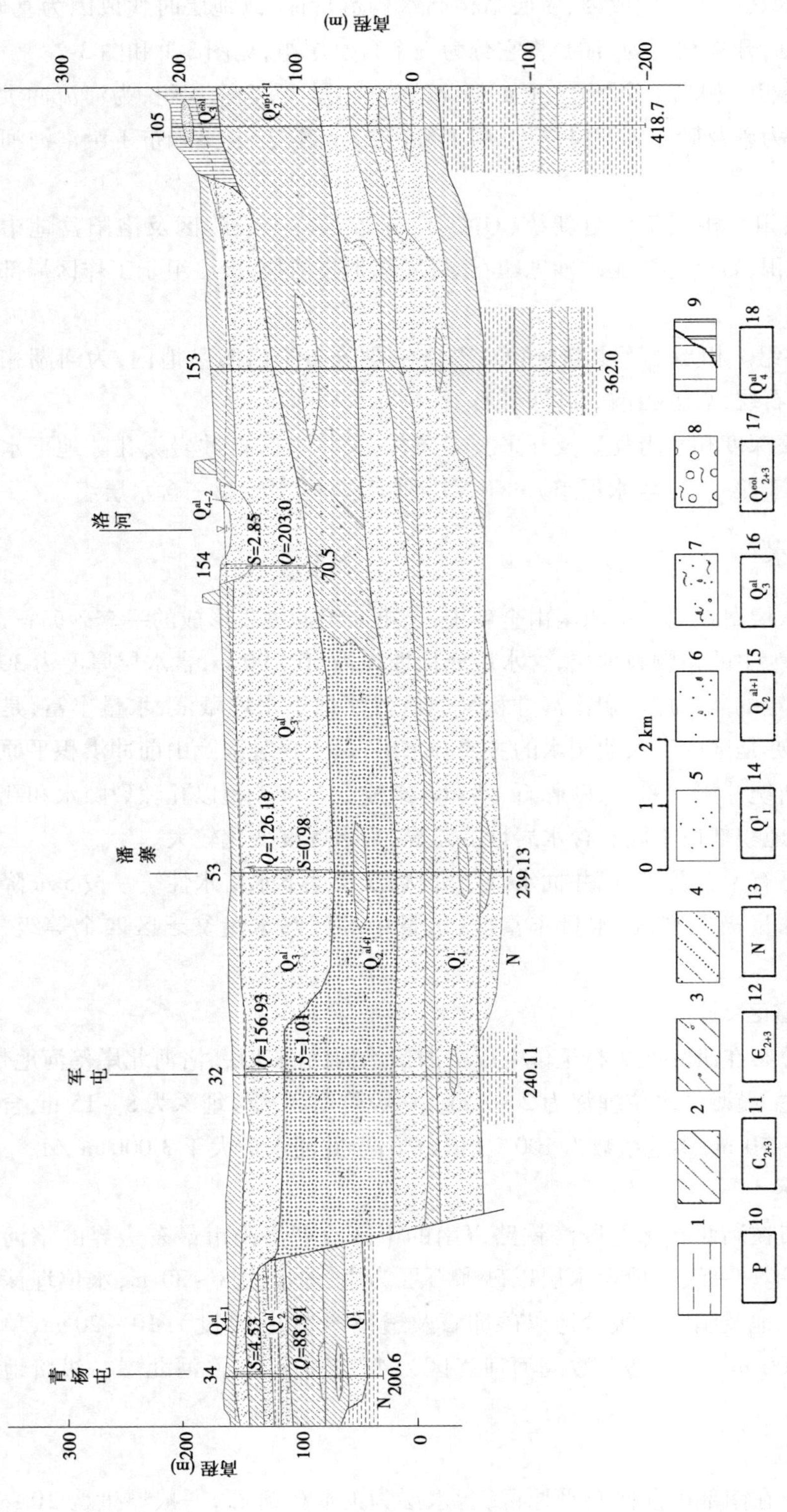

1—黏土；2—粉质黏土；3—含砾粉质黏土；4—粉土；5—中细砂；6—砂砾石；7—泥质砂砾石；8—泥卵石；9—黄土；10—二叠系；11—石炭系中、上统；12—上寒武系中统；13—上第三系；14—下更新统湖积层；15—中更新统冲洪积层；16—上更新统冲洪积层；17—中、上更新统风积层；18—全新统冲积层

图 3-2 伊洛河上游青杨屯—洛河水文地质剖面

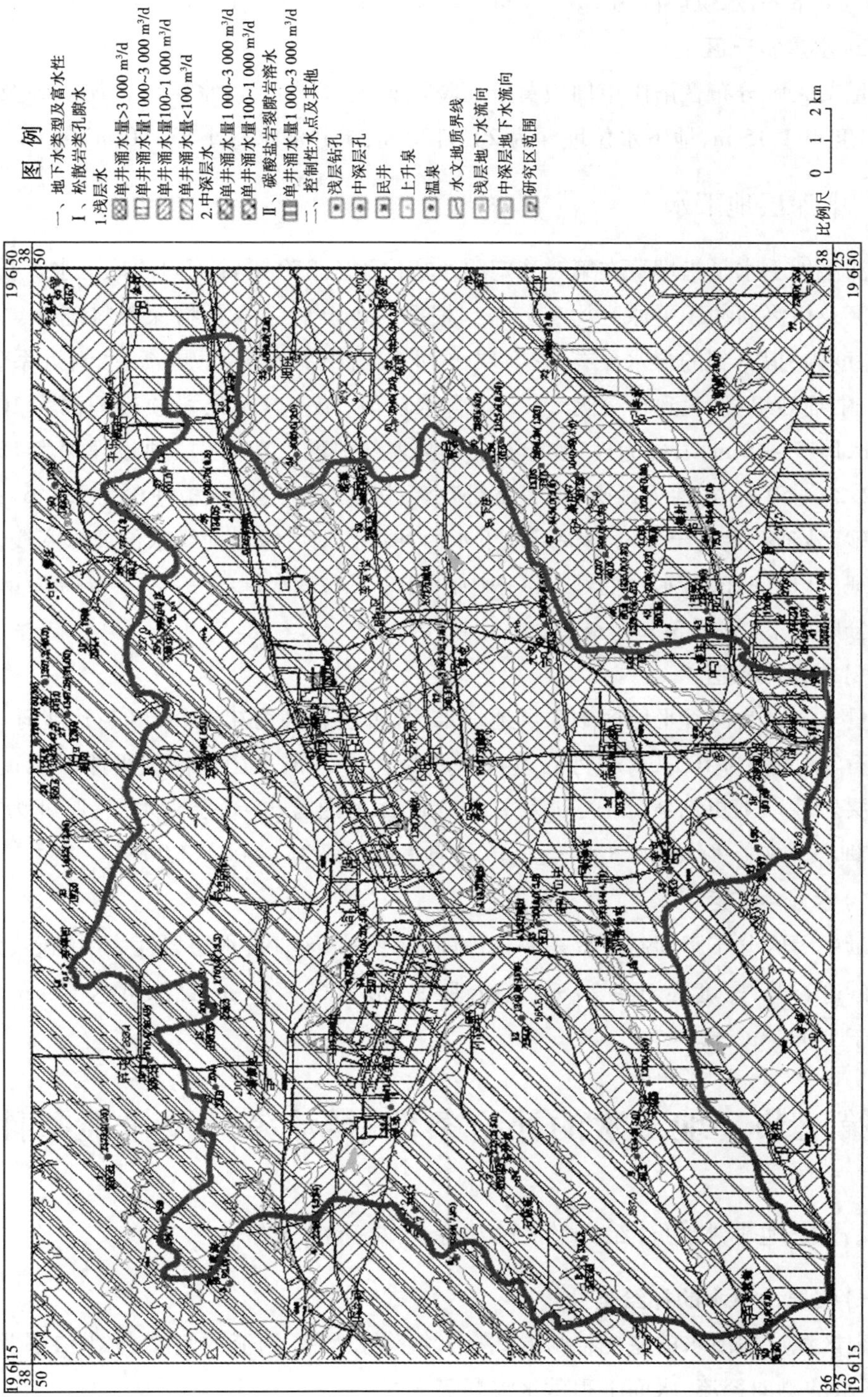

图 3-3 洛阳市水文地质图

m,最薄为 8.8 m,水位埋深为 16 ~ 30 m,单井涌水量为 100 ~ 1 000 m^3/d。

(四)水量贫乏区

水量贫乏区分布在洛阳市周边黄土丘陵及黄土台塬区,含水层以含泥质砂及砂砾石为主,厚度小于 15 m,地下水位埋深为 20 ~ 120 m,单井涌水量小于 100 m^3/d。

二、中深层地下水

中深层地下水是指埋藏在第一稳定隔水层之下至350 m 深度内的地下水。在周边黄土丘陵区及伊洛河冲积平原区均有分布。根据区内已有钻孔及物探资料统计,在 100 ~ 350 m深度内,揭露到的含水层有 7 ~ 8 层,含水层由中更新统、下更新统、新近系砂卵石、中粗砂、中细砂组成,大致可分为 2 ~ 3 个含水层段,第一含水层段顶板埋深为 108.19 ~ 154.0 m,厚 7 ~ 48 m,岩性为砂、砂卵石夹粉质黏土;第二含水层段顶板埋深为 154 ~ 270 m,厚 22.29 ~ 60 m,岩性为砂砾石、泥质粉砂等;第三含水层段顶板埋深为 325.6 ~ 358 m,岩性为砂、砂砾石夹粉土等。中深层地下水由冲洪积扇后缘向前缘水位埋深变浅,含水层粒度变细、分选变好,富水性变好。区内中深层地下水富水性统一按 15 m 降深单井涌水量计算分区如下(见图 3-3)。

(一)水量丰富区

水量丰富区为河谷平原区中深层地下水,含水层岩性为粗粒相砂卵石、卵砾石,半胶结砂砾石等,厚度为 10 ~ 20 m,水位埋深一般为 9 ~ 15 m;在山前倾斜平原区及黄土丘陵区含水层岩性以下更新统卵石、砂为主,200 m 深度内有 3 ~ 8 层含水层,厚度为 30 ~ 60 m,水位埋深为60 ~ 90 m,地下水丰富,单井涌水量一般为 1 000 ~ 3 000 m^3/d。

(二)水量中等区

水量中等区分布于油赵—堤东一带山前倾斜平原区。含水层岩性为中细砂、卵砾石、半胶结砂砾石等,厚度为 10 ~ 20 m,水位埋深一般为 60 ~ 80 m,最深可达 100 m,单井涌水量小于 1 000 m^3/d。

第三节　地下水的补给条件、径流条件及排泄条件

一、浅层地下水的补给条件、径流条件及排泄条件

(一)浅层地下水的补给条件

研究区浅层地下水的主要补给方式有大气降水入渗、河流的侧渗、水渠渗漏及灌溉入渗、地下水的侧向径流、水面工程蓄水渗漏等方式。

1. 大气降水入渗补给

伊洛河河谷阶地区地形平坦,地面坡降多为 0.1‰ ~ 1‰,水位埋藏浅,水位埋深小于

5 m;包气带为粉土、粉质黏土或砂卵石层,质地疏松,有利于大气降水入渗补给,盆地边缘及河谷阶地后缘洪积扇地区,地面坡降稍大,潜水位埋深大于 10 m,大气降水入渗补给条件稍次于河谷阶地区。黄土丘陵台塬区地势较高,冲沟发育,地下水位埋藏较浅,不利于大气降水入渗补给。

2. 河流的侧渗补给

从研究区浅层地下水等水位线图可以看出,洛河从境内上游到辛店附近以接受地下水的补给为主,在位屯桥至白马寺附近因河水位高于地下水位,表现为河水补给地下水。在辛店至位屯之间,亦是河水补给地下水,主要原因是由于附近厂矿企业较多,地下水开采量大,目前已形成降深较大的漏斗。在位屯至李楼之间,洛河水位低于两岸地下水位,表现为河水排泄地下水。在李楼向东至白马寺附近,由于东郊水源地的长期开采,目前降落漏斗还没有修复,在此段地下水接受河水的补给。

3. 水渠渗漏及灌溉入渗补给

研究区内有伊东渠、中州渠等干渠,均未作防渗处理,渠水可入渗补给地下水,野外调查时渠水已干,区内亦有大量的机井分布,农灌时也可补给地下水。

4. 地下水的侧向径流补给

河谷阶地区的周围黄土丘陵及基岩地势较高,地下水位高于阶地区地下水位,地下水对它有一定的侧向径流补给。

5. 水面工程蓄水渗漏补给

洛河水面工程每年 7 月初至 9 月底塌坝放水,其他时间多为蓄水期,蓄水时间在 200 d以上。蓄水期间在洛河河道间形成一个宽约 250 m、长近 13 km 的水域,河水位高于地下水位,河水可渗漏补给地下水。

(二)浅层地下水的径流条件

从浅层地下水等水位线图可以看出,浅层地下水位的变化与地形变化相吻合,浅层地下水的流向与地形坡降一致,即由山前的黄土丘陵、台塬、洪积扇流向河谷阶地,在洛河、伊河河谷区汇流后向东径流。

(三)浅层地下水的排泄条件

研究区浅层地下水的排泄方式主要为开采排泄、蒸发排泄及侧向径流排泄。

(1)开采排泄。河谷阶地区农业灌溉用水、工业用水、人畜生活用水多以开采浅层地下水为主,尤其是沿河两岸分布的大中型集中供水水源地,主要开采浅层地下水,因此开采排泄是区内地下水的主要排泄方式。

(2)蒸发排泄。伊洛河漫滩区及一级阶地前缘,包气带岩性多为粉土及砂砾石层,局部浅层地下水位埋深小于地下水蒸发临界深度,因此蒸发排泄是漫滩区地下水的排泄方式之一。

(3)侧向径流排泄(向河流排泄)。河岸两侧浅层地下水位高于河水位,地下水可向河流排泄，尤其是丰水期，可明显见到岸边有清水流出，水质较河流中间水质浑浊。

二、中深层地下水的补给条件、径流条件及排泄条件

（一）中深层地下水的补给条件

中深层地下水的补给主要为上游的侧向径流补给。区内中深层含水层与浅层之间有一层稳定的黏土、粉质黏土相隔，厚度可达50余m。中深层水位埋深在山前地带为45～76.2 m，浅层地下水位埋深在山前地带为20 m左右。浅层地下水位高于中深层地下水位，二者之间的水力联系不密切。

（二）中深层地下水的径流条件

研究区内中深层地下水流向总体上与地形坡度一致，主要由四周向河谷阶地方向径流。

（三）中深层地下水的排泄条件

中深层地下水的排泄以开采排泄为主，主要集中在城市工矿区，其次为侧向径流排泄，向下游排泄出本区。

三、碳酸盐岩类裂隙岩溶水的补给、径流及排泄

碳酸盐岩类裂隙岩溶水出露在研究区南部，地势稍有起伏，地表第四系沉积物覆盖较薄，且沟谷发育，溶蚀裂隙及溶洞发育，因此大气降水补给条件好，是碳酸盐岩裂隙岩溶水的主要来源。区内碳酸盐岩类裂隙岩溶水的径流条件较好，多数沿层面的裂隙流向埋藏区。排泄方式有向下游及河谷方向排泄和人工开采排泄。

四、地下水流场的变化

地下水流场的变化主要受气象、水文因素及人工开采的影响。

随着地下水开采量的不断增加，地下水位不断下降。地下水总体由西南向北东方向径流，由两侧向中心径流。

洛河水面工程的蓄水对两岸地下水流场亦具有比较明显的影响。1990年洛河水面工程建设前，聂湾—安乐一带，地下水由于长期开采，一直处于下降状态，洛河水位与地下水位脱节，水位标高为126～128 m，并在水源地的集中开采部位形成大的降落漏斗，漏斗中心最大水位降深达15 m；洛河水面工程建成蓄水后，安乐—聂湾一带地下水位有不同程度的提高，从2003年6月15日流场图（见图3-4）可以看到，地下水位标高为130～132 m，地下水与洛河地表水位标高已基本一致，沿洛河地下水降落漏斗已全部填平。但是2003～2009年，这6年期间洛阳市经济飞速发展，人口急剧增多，工业和生活用水同时增加，导致原来洛河蓄水后填平的漏斗再次出现，从图3-5和图3-6可以看到，在张庄、临涧、东郊水源地及辛店北附近地下水降落漏斗明显，下池水源地的地下水流场也有明显的弯曲。

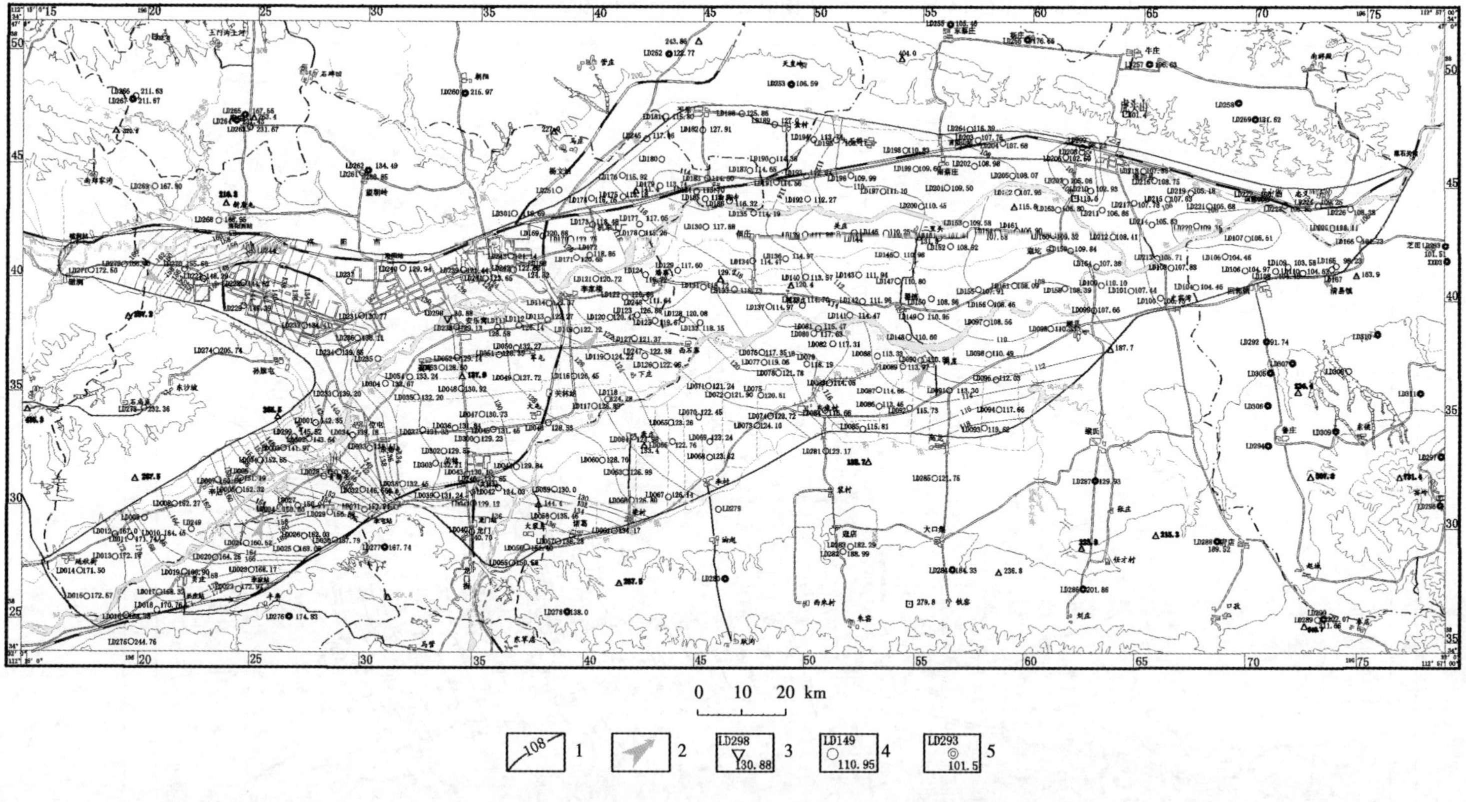

1—水位等值线（等高距为 2 m）;2—地下水流向；3—河水位编号及河水位标高（m）;4—浅层统调井编号及水位标高（m）;5—深层统调井编号及水位标高 (m)

图 3-4 洛阳市浅层水等水位线图（2003 年 6 月 15 日）（据洛阳盆地地下水资源调查评价）

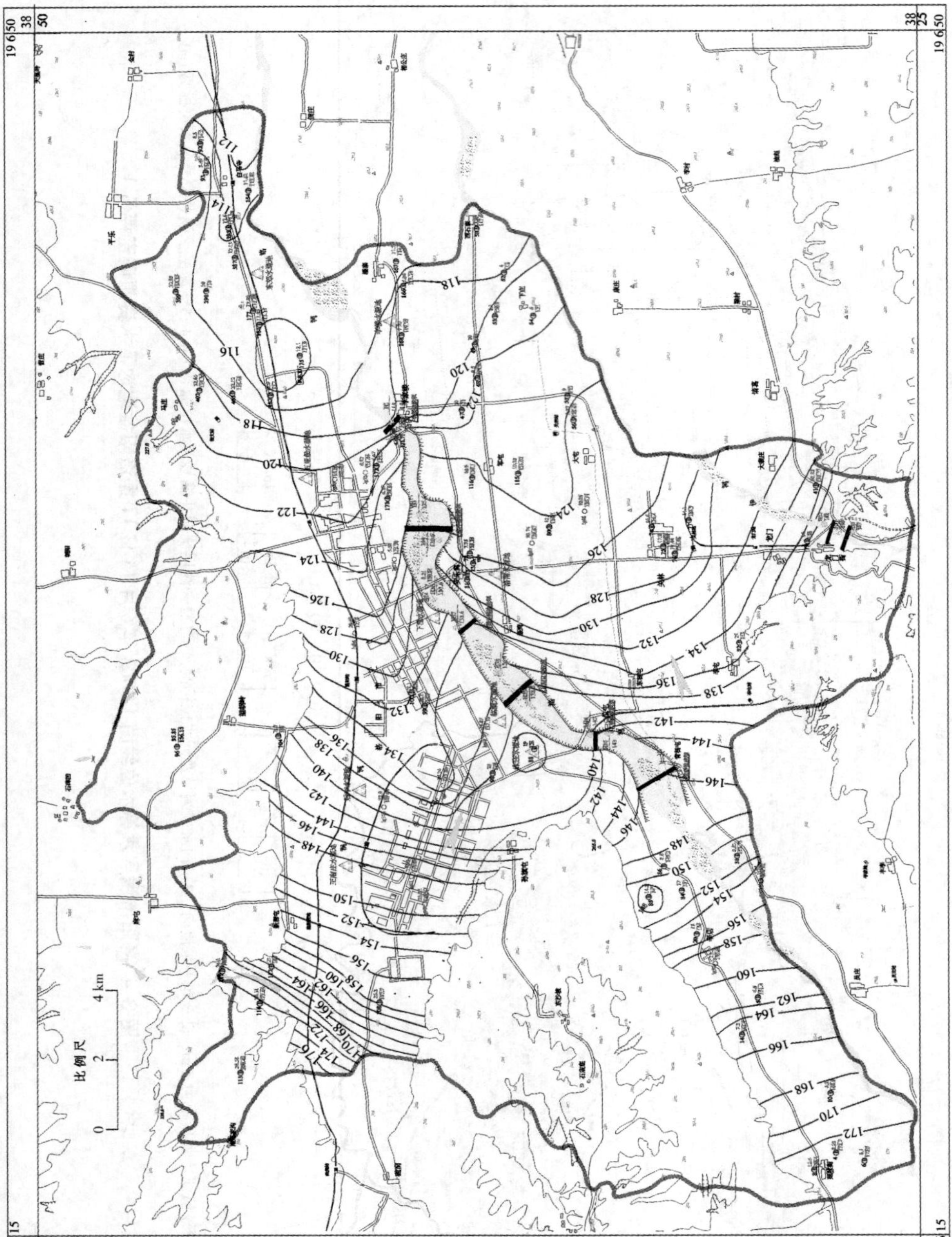

图 3-5　洛阳市浅层水等水位线图（2009 年 6 月 15 日）（单位：m）

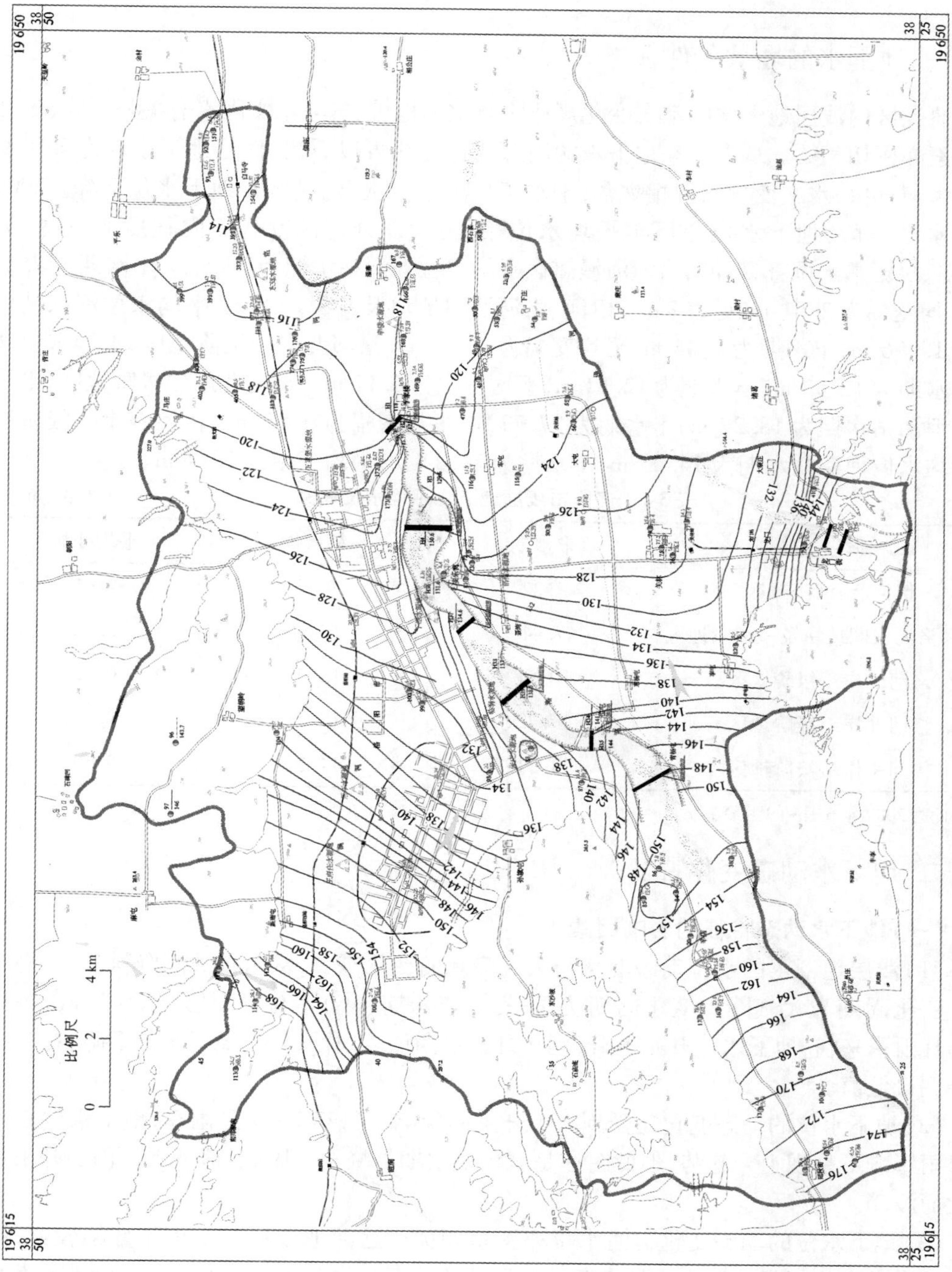

图 3-6 洛阳市浅层水等水位线图（2009 年 9 月 15 日）（单位：m）

第四节　地下水的埋藏条件及动态变化特征

一、地下水的埋藏条件

研究区内浅层地下水的动态变化规律除与地形地貌、气象水文因素有关外，与人工开采因素亦密切相关。从多年来地下水的动态变化曲线可以看出，浅层地下水动态多年变化规律与气象、水文变化周期相吻合，丰水年地下水位上升，枯水年地下水位下降。2009年降水量一般，地下水位与历年平均水位相比，大部分地区都有不同程度的下降，见图3-7。根据本次调查，伊河、洛河河漫滩区平均水位埋深枯水期为9.88 m，丰水期为7.27 m，平均变幅为2.61 m，见表3-1。伊河、洛河河间地块及一级阶地区，平均水位埋深枯水期为10.96 m，丰水期为7.44 m，平均变幅为3.52 m。洛河北岸一级阶地区，平均水位埋深枯水期为12.93 m，丰水期为12.81 m，平均变幅为0.12 m。洛河北岸二级阶地区，平均水位埋深枯水期为18.27 m，丰水期为17.72 m，平均变幅为0.55 m。伊河南岸一级阶地区平均水位埋深枯水期为14.25 m，丰水期为11.11 m，平均变幅为3.14 m。

表3-1　洛阳市浅层地下水平均水位埋深　　（单位：m）

地貌位置	丰水期	枯水期	平均变幅
伊河、洛河漫滩区	7.27	9.88	2.61
伊河、洛河河间地块及一级阶地区	7.44	10.96	3.52
洛河北岸一级阶地区	12.81	12.93	0.12
洛河北岸二级阶地区	17.72	18.27	0.55
伊河南岸一级阶地区	11.11	14.25	3.14

注：此为2009年6月和9月资料。

二、地下水动态变化特征

（一）地下水动态特征的影响因素

（1）浅层地下水的水位动态变化与大气降水的变化有关，从多年观测资料分析，潜水位的变化周期与大气降水变化周期明显一致，丰水期（年）水位高，枯水期水位低，每年5～6月雨季来临，地下水位开始上升，到9月达最高值。雨季过后，地下水位下降，在3～4月降到最低值。

（2）地下水位的动态变化还受到人工开采的影响。每年7～9月雨季，地下水位在大气降雨影响下呈现上升趋势，但此时亦是城市供水期高峰期。因此，地下水位仍随开采量变化而波动。

（3）地下水位的动态变化与河水位亦密切相关。远河地段地下水位年变幅较大，而近河地带潜水位年变幅较小。枯水期远河地带的地下水位下降速率大于近河地带的潜水位下降速率，地下水位变化与河水位变化密切相关。

洛河、伊河与地下水具有明显的水量转换关系，河水是两岸分布的集中供水水源地的

图 3-7 洛阳市长期观测点分布

主要补给来源。

(二)地下水动态类型

洛阳市内浅层地下水动态在天然条件下主要受气象、水文因素的制约,补给以洛河、伊河侧渗和大气降水入渗为主。在洛河、伊河沿岸附近,地下水动态变化特征主要受河水水文要素变化的影响,随着距河距离的增加,其影响程度逐渐减弱。在洛阳市区的集中水源地开采区,地下水动态特征主要受人为开采的影响。在二级阶地及洪积扇区,地下水动态受气象、灌溉、开采等诸多因素的控制。根据影响地下水位动态变化的主要因素,区内地下水动态可划分为如下几个类型。

1. 水文型及气象水文型

水文型及气象水文型主要分布在洛河、伊河漫滩及一级阶地前缘地带,区内一般无开采,浅层水地下水动态主要受河流及气象因素制约,距河较近地段为水文型,距河稍远地段为气象水文型,长期观测点分布见图 3-7。地下水位 lg4、lg71 和洛河水位 lg8 均采用 2008 年的长期观测资料。其中,lg4 距河中心 400 m 左右,lg71 距河中心 1 000 m 左右,其动态曲线见图 3-8 和图 3-9。

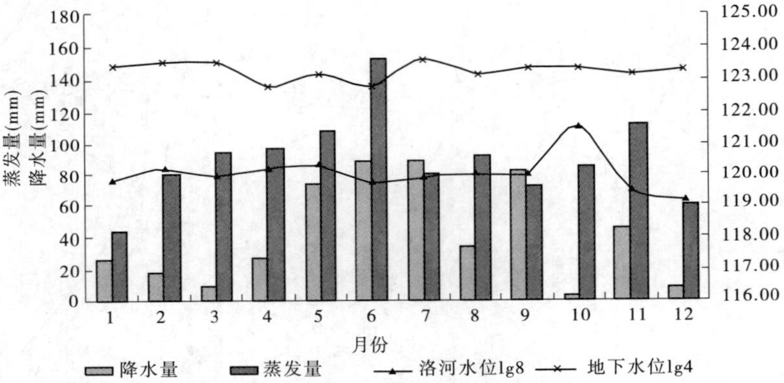

图 3-8　lg4 水文型动态曲线

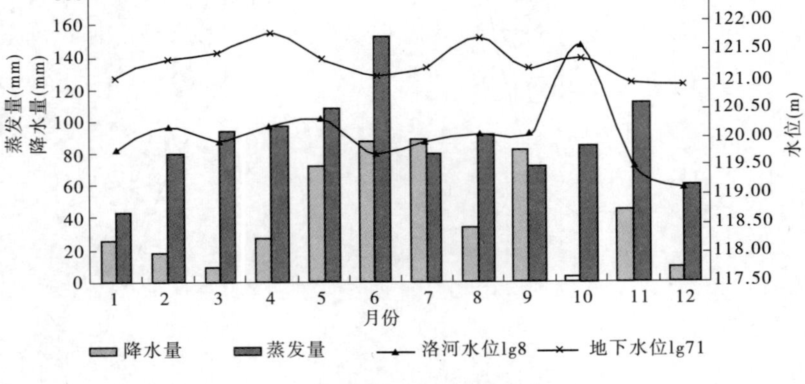

图 3-9　lg71 气象水文型动态曲线

由图 3-8 和图 3-9 可知，地下水位年变幅为 0.5～1.0 m，地下水位的升降与河水位涨落大致同步。年最高水位出现在河流行洪期和较大集中降水期，最低水位则出现在河水流量较枯、降水量少、蒸发量大的时期。

2. 降水入渗径流－开采型

降水入渗径流－开采型分布在张庄—瀍河入河口之间近洛河漫滩两侧，以及下池、洛南、张庄、临涧水源地。地下水补给以降水和袭取洛河侧向径流补给为主。地下水排泄以人工开采为主，见图 3-10、图 3-11。其中，lg57 距下池、洛南水源地较近，lg31 距张庄、临涧水源地较近。

从图 3-10 和图 3-11 动态曲线可以看出，年内最低水位在 2～3 月及 12 月，最高水位在 5 月底至 6 月初。年平均水位与历年平均水位相比下降了 0.14～2.20 m。

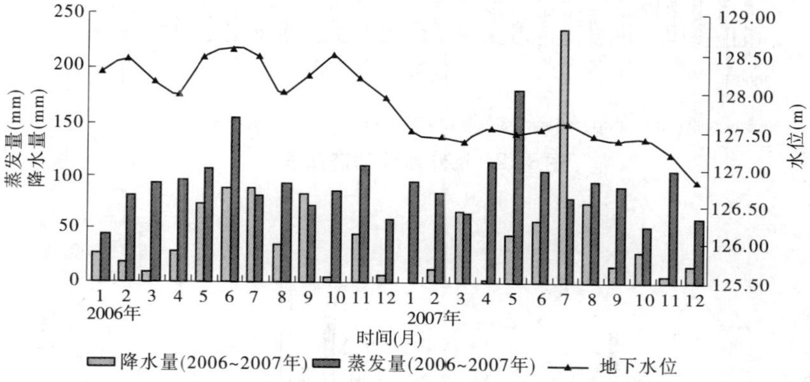

图 3-10　lg57 水位动态曲线

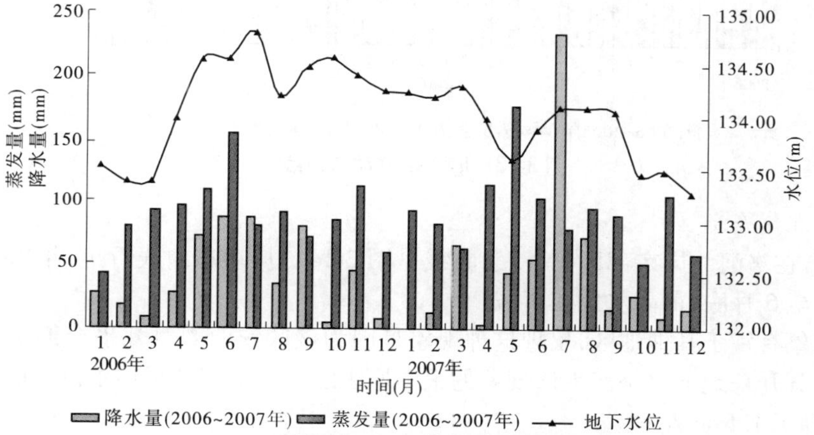

图 3-11　lg31 水位动态曲线

3. 气象－径流开采型

气象－径流开采型分布于区内包括一级、二级阶地及洪积扇的广大区域。地下水补给以降水入渗为主，以开采和径流为主要排泄途径。因该类型分布面积较大，地下水动态类型也有差异，现分别述之。

1）洛河南岸区

lg20 和 lg69 均分布在洛河南岸，其动态曲线见图 3-12 和图 3-13。由动态曲线图可以看出，年内最低水位在 3～4 月，最高水位在 9～10 月，年度平均水位与历年平均水位相比都有下降，幅度为 0.5～1.6 m。

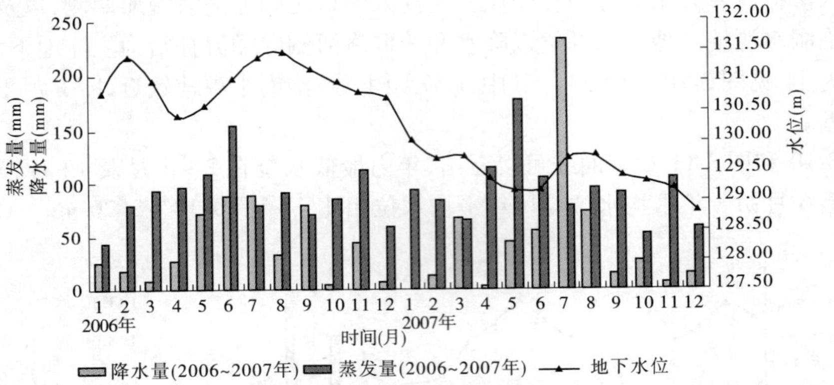

图 3-12　lg20 水位动态曲线

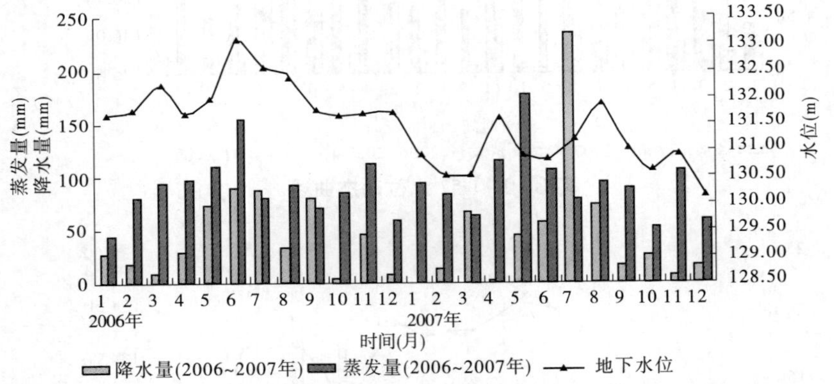

图 3-13　lg69 水位动态曲线

2）洛河北岸东部区

lg2 分布在洛河北岸东部区，其动态曲线见图 3-14。从动态曲线看出，年内最低水位在 5 月下旬至 6 月底，最高水位在年底。

这一现象有别于其他地区，出现这种现象是因为该区农业灌溉几乎全部采用机井灌溉。农业灌溉开采地下水是产生该现象的根本原因之一。本年度平均水位与历年平均水位相比，下降了 1.5 m 左右。

3）洛河北岸中部区

lg86 和 lg94 分布在洛河北岸中部区，其动态曲线见图 3-15 和图 3-16。

从动态曲线图可以看出，年内最低水位在 4～5 月，最高水位在 10 月下旬至 12 月底。年度平均水位与历年相比大部分地区都有下降，幅度为 1.42～1.64 m。

4. 径流－开采型

径流－开采型主要分布于洛河北岸西部涧西的几个大企业工业区及生活区一带，由

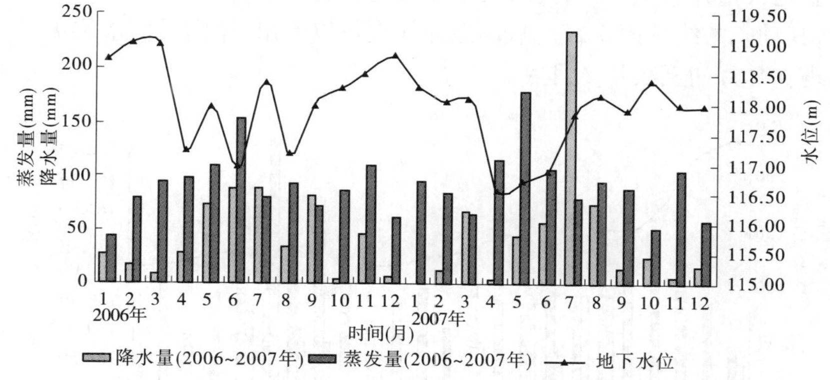

图 3-14　lg2 水位动态曲线

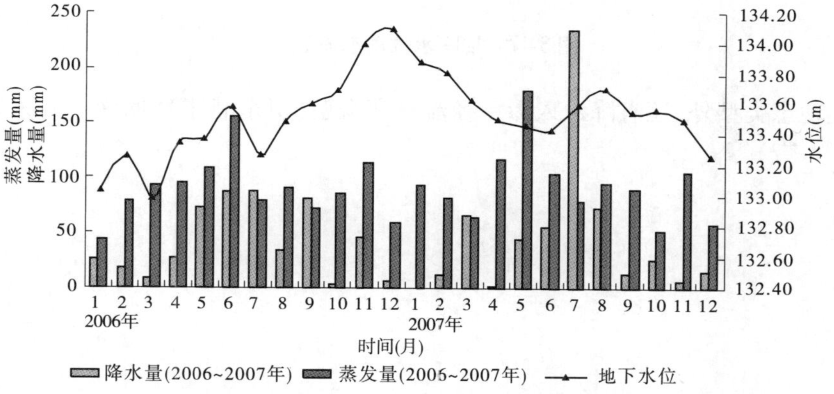

图 3-15　lg86 水位动态曲线

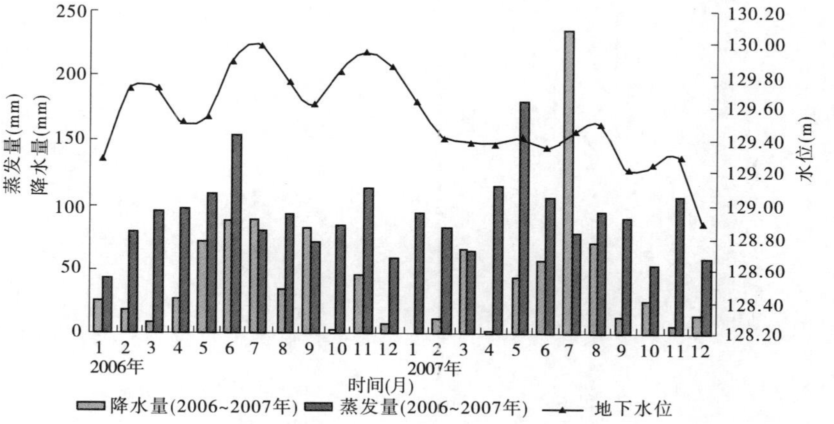

图 3-16　lg94 水位动态曲线

于各大厂矿企业大量开采地下水，同时因地面硬化程度较高，不利于降水补给。lg89 分布在洛河北岸，其动态曲线见图 3-17。从动态曲线图可以看出，年内最低水位 4 ~ 7 月中旬，最高水位出现在 9 月初至次年 2 月底。

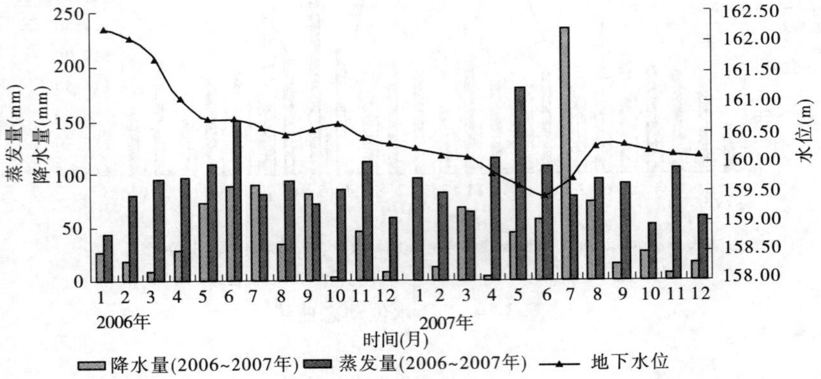

图 3-17　lg89 水位动态曲线

除上述动态类型外，还有降水入渗 - 径流 - 灌溉型(伊东灌区)、回灌 - 开采型(洛阳市区棉纺厂一带)等。

第四章　地下水资源开发利用现状及存在的主要问题

第一节　开发利用现状

洛阳市由于水文地质条件差异，地下水开发利用程度也不同。在伊河、洛河河谷区，工农业用水多以开采浅层地下水为主，开采量相对较大。工业开采用水及城市供水以集中开采伊河、洛河两岸的浅层地下水为主。在邙山黄土丘陵前缘，中深层地下水自备井密度大，全市自备井中深层地下水总开采量为 0.132 亿～0.185 亿 m^3/a。

农业用水以分散开采为主。农业开采主要分布在伊河、洛河阶地上，多开采浅层地下水。在洛河南冲积平原，渠灌保证程度高，机井密度小，每平方千米有 3～10 个，在河间地块东段，渠灌保证程度较低，机井密度大，每平方千米大于 10 个。在黄土丘陵区，农业开采多以中深层地下水为主，由于开采条件困难，开采量较小。

2008 年，洛阳城市供水现状为年总取水量 2.998 7 亿 m^3，其中地下水供水量 1.958 0 亿 m^3，地表水供水量 1.040 7 亿 m^3，见表 4-1 和表 4-2。平均供水量 82.16 万 m^3/d，其中生活用水 43.88 万 m^3/d，工业用水 38.28 万 m^3/d，供水人口 420 万人（含流动人口）。

表 4-1　2008 年洛阳市取水量统计　（单位：亿 m^3）

农田灌溉用水量	林牧渔畜用水量	工业用水量	城镇公共用水量	居民生活用水量	生态环境用水量	合计	与上年比较
0.385 7	0.054 9	1.396 9	0.202 5	0.615 7	0.343 0	2.998 7	+4.9%

表 4-2　2008 年洛阳市供水量统计　（单位：亿 m^3）

地表水供水量				地下水供水量			总供水量
蓄水	引水	提水	小计	浅层水	深层水	小计	
0.022 4	0.567 8	0.450 5	1.040 7	1.835 4	0.122 6	1.958 0	2.998 7

洛阳市区自 1957 年以来集中开采地下水，随着工农业生产及城市的不断发展，供水量不断增加，开采规模不断扩大。洛阳市目前已形成地下水多水源环状管网供水的规模。自来水公司现有 9 个集中开采地下水水源地，3 个加压站，供水井 97 眼，综合供水能力达 60 万 m^3/d，集中开采水源地多集中于伊河、洛河两岸及河间地块。地面水陆浑水库引水工程，已完成第一期工程，目前已形成12 万 m^3/d 的供水能力。此外，尚有部分厂矿、企事业单位建立了自备井供水系统，区内共有自备井 300 眼以上，相对集中地分布于关林龙

门、李屯、辛店、白马集团—玻璃厂—铁路东站，供水能力达 20 万 m^3/d，近年平均供水量 15.4 万 m^3/d，年开采量 0.5 亿 ~ 0.7 亿 m^3。城市自来水实际供水量近年平均为 38.6 万 m^3/d，与自备井合计实际供水量达 54 万 m^3/d。另外，地表水平均实际供水 0.20 亿 m^3（电厂枯水季节提取涧河水），城市综合供水能力 92 万 m^3/d。因此，目前洛阳市区年开采总量为 2.8 亿 ~ 3 亿 m^3，其中有 0.3 亿 m^3 的地下水来自非潜水含水层系统。

现状条件下，洛阳市共有集中供水水源地 9 个，集中供水水源地分布及开采情况见表 4-3。

表 4-3　集中供水水源地分布及开采情况　　（单位：万 m^3/d）

水源地名称	设计供水	实际供水	开采地点	地貌位置
洛阳市洛南水源地	13.0	10.87	洛南	伊洛河间地块
洛阳市李楼水源地	16.0	3.71	李楼	伊洛河间地块
洛阳市张庄水源地	4.5	4.15	兴隆铺	洛河北岸
洛阳市王府庄水源地	1.0	1.01	王府庄	洛河北岸
洛阳市后李水源地	1.0	0		洛河北岸
洛阳市下池水源地	3.7	1.91	下池	洛河北岸
洛阳市五里堡水源地	2.8	1.89	夹马营路	洛河北岸
洛阳市临涧水源地	4.5	2.18	临涧	洛河北岸、涧河旁
洛阳市东郊水源地	4.0	0.22	白马寺镇	洛河北岸

一、伊洛河河间地块水源地

（一）洛南水源地

洛南水源地位于洛河南焦屯古城一带，1976 年日开采量 8 万 m^3/d，地下水位 3 ~ 5 m，2003 年日开采量增加到 15.8 万 m^3/d，地下水位 10 m 左右。据多年动态资料，在枯水期已形成以水源地为中心的复合开采降落漏斗。由于洛阳市内五级橡胶坝的建成蓄水和近年来洛阳市市政府及水利部门大力推行合理、节约用水政策，在 2003 年以前所产生的以洛南水源地为中心的复合开采降落漏斗消失，2008 年洛南水源地日开采量 10.87 万 m^3/d，恢复到了设计开采范围。

（二）李楼水源地

李楼水源地位于李楼乡南军屯一带，设计日开采量 16.0 万 m^3/d（1985 年），现日开采量 3.71 万 m^3/d，地下水位 5 ~ 10 m，目前还没有形成复合降落漏斗。

二、洛河北岸水源地

（一）张庄水源地

张庄水源地位于张庄桥以北—南昌路一带，设计日开采量 4.5 万 m^3/d，现日开采量

4.15 万 m^3/d,现已形成以水源地开采井为中心的复合降落漏斗。

(二)王府庄水源地

王府庄水源地位于洛阳市涧西区涧河旁,设计日开采量 1.0 万 m^3/d,现日开采量为 1.01 万 m^3/d。

(三)后李水源地

后李水源地位于洛阳市热电厂—中州渠以南一带。设计日开采量 1.0 万 m^3/d,因水质受到污染,现已停采。

(四)下池水源地

下池水源地位于中州渠以东—安乐桥一带。设计日开采量 3.7 万 m^3/d,现日开采量 1.91 万 m^3/d。

(五)五里堡水源地

五里堡水源地位于洛阳市东车站以东—东花坛一带,设计日开采量 2.8 万 m^3/d,现日开采量为 1.89 万 m^3/d。

(六)临涧水源地

临涧水源地位于涧河以东—中州渠以西一带。设计日开采量 4.5 万 m^3/d,现日开采量 2.18 万 m^3/d。

(七)东郊水源地

东郊水源地位于洛阳市东陈村—扁担赵一带,设计日开采量 4.0 万 m^3/d,现日开采量为 0.22 万 m^3/d。

上述水源地,除王府庄水源地外,其余均为傍伊河、洛河型水源地,这些水源地均有多年的开采资料,主要靠河水补给,为洛阳市的经济发展提供了可靠的水源保证。

第二节　存在的主要问题

随着洛阳市水资源的开发利用,一些问题逐步暴露出来,主要表现在以下方面。

一、水资源比较贫乏,未来水资源不足

洛阳市总水资源量贫乏,解决途径只能依靠引用过境水,一旦过境水量减少,各种已有水利工程减少或拟建水利工程不能如期完成,水资源将会严重不足,影响经济发展。

二、水资源时空分布不均限制了水资源开发利用

洛阳市水资源主要来自降水和地表过境水。地处南北气候过渡带的洛阳辖区,降水强度南北差异较大,南部山区大,北部平原小,洛阳盆地最小。降水 50% ~70% 集中在 7 ~9月,其他月份很少。然而,降水时间及分布与农业需水期不相一致。例如,汛期正是农田灌水量最少的时期,丰富的地表水资源得不到充分利用,形成地表径流排出境外,水资源大量弃泄;枯水期多数河流干涸,水源奇缺,却又是农田用水季节。又如,山区的地表水资源比平原区丰富,而山区耕地面积比平原区少得多,需水量差异较大。这种时空分布

不均的特点,极大地限制了地表水资源的利用。

三、水质污染,水资源质量急剧下降

随着工农业生产发展,大量的废水排入地表水体,造成地表水严重污染,区内洛河、伊河、涧河、瀍河均已受到不同程度的污染。地面环境污染加剧,使地下水也受到不同程度污染。根据2008年地下水水质资料,地下水污染已相当普遍。

四、水资源浪费现象严重

洛阳长期以来存在"多龙治水"的问题,这既不利于水资源统一协调、优化,又导致开发中一些难题的出现。如局部出现打井过密、井多效益差、城镇工业用水打井开采层位不合理、与农业争水等问题。近年来,区内节水灌溉虽得到了发展,但是规模尚小,农业用水多采用大水漫灌等传统方式,造成水资源严重浪费。在工业上,亦存在耗水大、重复利用率低等问题,不同地区差别较大。

第三节　原因分析及解决的方法

一、原因分析

长期以来,人们把水资源当做一种具有公益性的自然赋予物,认为水资源取之不尽、用之不竭,水资源供给与利用应该是低成本甚至是零成本。而水资源的价格又严重偏低,远未达到其价值。在日常生活中,群众节水意识较差,生活节水器具推广缓慢,用水浪费严重。同时,由于设施老化和缺乏行之有效的管理,城市公共供水管网漏失率较高,浪费惊人。

就洛阳市地下水而言,存在着严重的时空分布不均,河谷平原区为地下水强富水区,但由于该区地表水资源贫乏,而且工业生产发展迅速、需水量大,使地下水成为主要开发利用对象。强烈集中开采地下水使地下水位持续下降,局部地下水已处于超采状态,漏斗面积逐步扩大,见图3-5和图3-6。

由于水资源的不合理开发利用及地表水体的污染,致使浅层地下水水质恶化并进一步加剧,具体见第五章第八节的内容。

二、解决的方法

由于对研究区内地下水不合理的开发利用,已导致地下水超采,产生降落漏斗及水体污染。水体污染后,继而产生水体环境变化,被改变了的水体环境又反过来对人类产生重大影响,危及人类的健康和正常生产,并影响生态平衡。

水体污染后水质恶化的结果包括以下几个方面:

(1)溶解氧下降。由于有机污染物质的分解耗氧,且耗氧的速率大大超过溶解大气氧的速率,水中溶解氧不断下降,甚至降为零,水中厌氧细菌繁殖,对有机物进行不完全的分解,产生恶臭。

(2)水生态平衡遭破坏。水中溶解氧的缺少或水中的毒污染、热污染造成水体中原

有的水生物无法生存,致使整个生态系统失去平衡。

(3)低毒变高毒。某些污染物由低浓度转化为高浓度,某些污染物由低毒变高毒。这是由于某些微生物对污染物的恶性转化作用和生物富集作用所致,对人体和生态存在着极大的潜在危害性。

因此,应加强对地下水资源的环境保护工作。地下水资源保护包括水量保护和水质保护两个方面:水量保护是防止在人为作用下发生水量减少乃至水源枯竭的现象,保持地下水水量长期均衡变化;水质保护是防止在人为作用下发生水质污染和水质恶化现象,从而保持地下水的“纯净”。

第五章　地下水资源计算与评价

第一节　地下水资源概况

洛阳市区的地质工作研究程度较高,40 多年来,地矿、城建、煤炭、水利及大专院校等部门为不同的目的在区内开展过多次水文地质、工程地质、环境地质工作,积累了较为丰富的资料,特别是河南省水文地质二队、洛阳市节约用水办公室、洛阳市水利局、中国地质大学(北京)、北京大学、洛阳市地矿局等单位分别进行了一系列的供水水文地质、区域水文地质,地下水水量模拟,对区内不同地段地下水资源量进行了计算和评价,为本书研究积累了较丰富的资料。河南省地质局水文二队提交的地下水资源量研究简史见表 5-1。

表 5-1　地下水资源量研究简史

报告名称	评价方法	评价结果	工作时间	提交单位
洛阳幅、临汝幅综合水文地质普查	补给量评价	对区内地下水的补给量进行了计算	1985 年 12 月	河南省地质局水文二队
洛阳市市区地下水资源评价研究报告	均衡法、数值法、线性规划法	对区内地下水允许开采量进行了计算	1986 年 9 月	河南省地质局水文二队
河南省洛阳市 2000 年地下水资源及环境地质问题预测报告	均衡法	对区内地下水补给量和允许开采量进行了计算	1988 年 11 月	河南省地矿局水文二队
洛阳市地下水超采区评价	均衡法	对水源地允许开采量进行了计算	2005 年 6 月	河南省地矿局水文二队
河南省洛阳盆地地下水资源调查报告	均衡法、数值法	对洛阳盆地地下水可采量进行了分析、计算	2004 年 3 月	河南省地矿局水文二队

在 1986 年提交的《洛阳市市区地下水资源评价研究报告》中,洛阳市地下水可开采量为 3.24 亿 m^3/a;在 1988 年 11 月提交的《河南省洛阳市 2000 年地下水资源及环境地质问题预测报告》中,洛阳市可开采资源总量为 3.05 亿 m^3;在 2004 年 3 月提交的《河南省洛阳盆地地下水资源调查报告》中,洛阳盆地地下水可采量为 5.6 亿 m^3/a,而在 2005 年 6 月提交的《洛阳市地下水超采区评价》中,洛阳市地下水资源处于负均衡状态。

由于浅层地下水分布面积大、富水性好、与地表水联系密切,是区内工农业用水的主要开采对象。因此,本书仍将浅层地下水作为主要评价对象,并用均衡法和数值模拟法对浅层地下水的资源量进行计算。而对于中深层地下水,由于埋藏较深,与地表水及大气降水联系微弱,对其仅作概略评价。

第二节　数学模型确定及计算区划分

一、确定数学模型

根据洛阳市水文地质条件，市内河谷漫滩区浅层地下水资源丰富，依据浅层地下水的补给、径流、排泄条件及水均衡原理，建立如下浅层地下水均衡方程：

$$Q_{补} - Q_{排} = \mu F \frac{\Delta H}{\Delta t}$$

式中　$Q_{补}$——浅层地下水总补给量，万 m^3/a；

$Q_{排}$——浅层地下水总排泄量，万 m^3/a；

μ——给水度，无量纲；

F——均衡区面积，km^2；

$\frac{\Delta H}{\Delta t}$——均衡时段内地下水位升降值，m。

本区浅层地下水的补给来源主要有大气降水入渗补给、渠系渗漏补给、河流侧渗补给、农田灌溉回渗补给、侧向径流补给、水面工程蓄水期河流渗漏补给。地下水排泄途径主要有工业开采、人畜生活用水开采、农田灌溉开采、侧向径流排泄等。可用公式表示如下：

$$Q_{补} = Q_{降} + Q_{渠} + Q_{河} + Q_{灌渗} + Q_{径补} + Q_{蓄渗}$$

$$Q_{排} = Q_{灌} + Q_{开} + Q_{蒸} + Q_{径排}$$

式中　$Q_{补}$——浅层地下水总补给量，万 m^3/a；

$Q_{降}$——大气降水入渗补给量，万 m^3/a；

$Q_{渠}$——渠系渗漏补给量，万 m^3/a；

$Q_{河}$——河流侧渗补给量，万 m^3/a；

$Q_{灌渗}$——农田灌溉回渗补给量，万 m^3/a；

$Q_{径补}$——侧向径流补给量，万 m^3/a；

$Q_{蓄渗}$——水面工程蓄水期河流渗漏补给量，万 m^3/a；

$Q_{排}$——浅层地下水总排泄量，万 m^3/a；

$Q_{灌}$——灌溉开采量，万 m^3/a；

$Q_{开}$——工业及人畜生活用水量，万 m^3/a；

$Q_{蒸}$——潜水蒸发量，万 m^3/a；

$Q_{径排}$——侧向径流排泄量，万 m^3/a。

二、计算区划分

均衡区范围以洛阳市浅层地下水分布边界为主，均衡区面积为 266.44 km^2。根据研究区地形、地貌和水文地质条件，将均衡区划分为六个计算小区，见图 5-1。

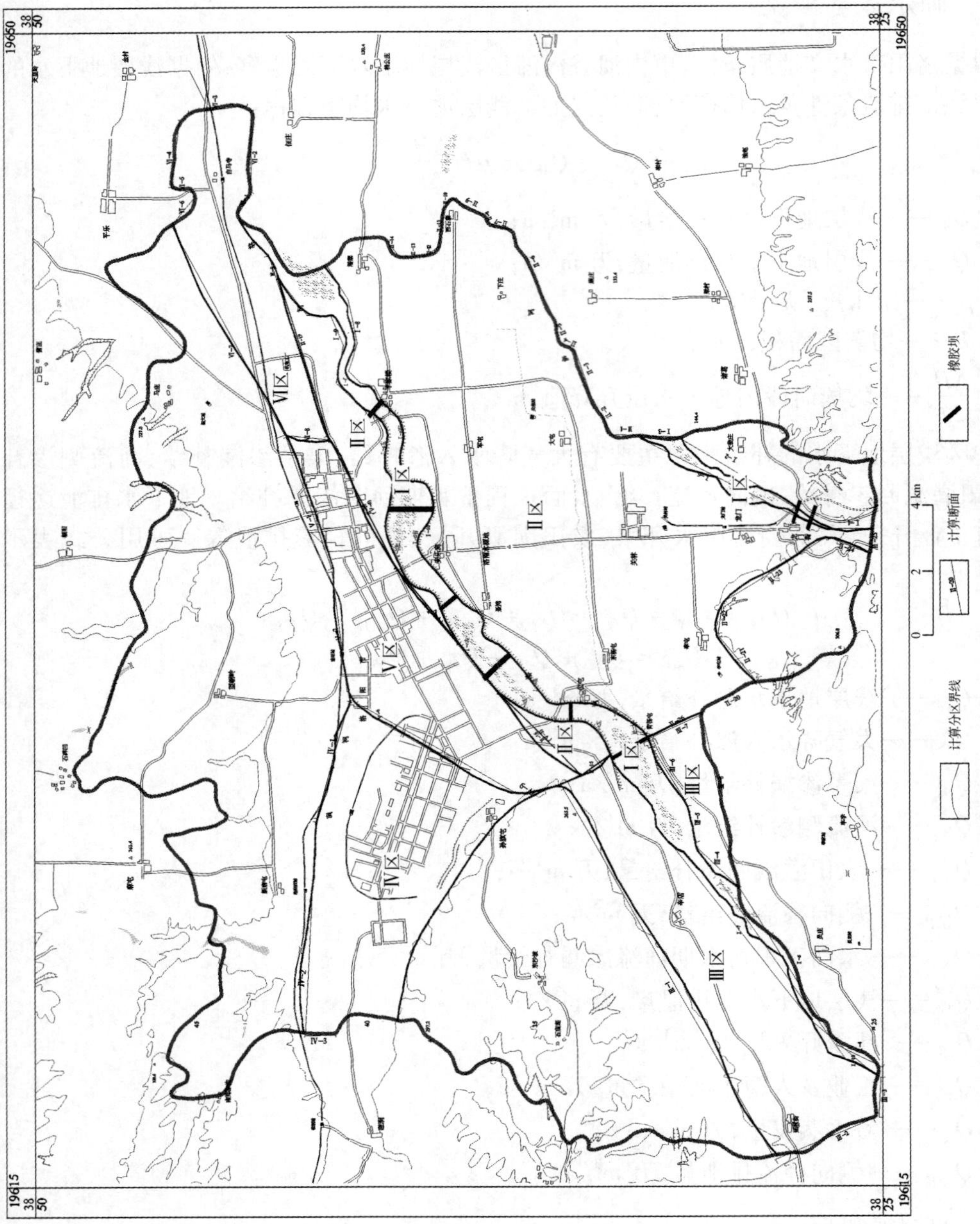

图 5-1 洛阳市浅层地下水水均衡计算分区

地下水资源各计算区划分见表5-2。

表5-2　地下水资源各计算区划分

区号	地貌位置	水文地质特征
Ⅰ	洛河及伊河河滩漫	面积22.69 km^2，含水层岩性以砂卵石为主，含水层厚20～40 m，最厚可达50 m，水位埋深3.50～6.86 m，水位变动带岩性为砂、砂卵石，地表岩性为粉土
Ⅱ	洛河、伊河河间地块及一级阶地	面积120.67 km^2，含水层以中粗砂、砂卵石为主，含水层厚30～50 m，水位埋深3.10～18.70 m，水位变动带岩性为粉土、砂土，地表岩性为粉土
Ⅲ	位屯西洛河河谷	面积39.18 km^2，含水层以中粗砂、砂砾石为主，含水层厚20～40 m，水位埋深5.00～22.30 m，水位变动带岩性为粉土、砂砾石，地表岩性为粉土和亚黏土
Ⅳ	涧河河谷	面积35.51 km^2，含水层岩性以砂卵石为主，水位埋深7.60～27.40 m，含水层厚20～30 m，水位变动带岩性为砂卵石，地表岩性为粉土
Ⅴ	洛河北市区	面积28.61 km^2，含水层岩性以中粗砂、卵砾石为主，含水层厚20～50 m，水位埋深16.80～22.40 m，水位变动带岩性为砂、砂卵石，地表岩性为粉土
Ⅵ	洛河北（机车工厂—白马寺）	面积19.78 km^2，含水层以中粗砂、砂卵石为主，含水层厚30～40 m，水位埋深7.55～17.74 m，水位变动带岩性为粉土、砂卵石，地表岩性为粉土

第三节　参数计算与确定

本书浅层地下水资源计算的水文地质参数主要有重力给水度μ、渗透系数k、降水入渗系数α、潜水蒸发系数C、弹性释水系数μ_e、灌溉回渗系数β等。本次计算除新补充的资料外，所选参数均引自表5-1所述报告。

一、重力给水度μ

重力给水度μ的大小主要受水位变动带岩性的影响。对此，前人做了不少研究，也取得了一定成果。《洛阳市区地下水资源评价研究报告》采用一维均衡法和长观孔组均衡法分别计算出洛河北二级阶地区砂卵石的μ值为0.124～0.151，河间地块砂卵石的μ值为0.17～0.25，上部粉质黏土、粉土的给水度μ值为0.03～0.05。

浅层地下水含水层的给水度因地质地貌单元不同而异。综合分析后选取各均衡区给水度值见表5-3。

二、渗透系数k

渗透系数k出自《河南省洛阳市2000年地下水资源及环境地质问题预测报告》及《河南省洛阳盆地地下水资源评价报告》，其中洛河两侧为80～110 m/d，伊河、洛河河间地块为 120 ~ 140 m/d，涧河河谷为 45 m/d。各均衡区渗透系数 k 值选取见表 5-4。

表 5-3　各均衡区给水度值选取

区号	Ⅰ	Ⅱ	Ⅲ	Ⅳ	Ⅴ	Ⅵ
水位变动带岩性	砂卵石	砂、砂卵石	粉土、砂卵石	砂、砂卵石	砂、砂卵石	砂卵石
给水度 μ	0.25	0.22	0.21	0.21	0.20	0.20

表 5-4　各均衡区渗透系数 k 值选取

区号	Ⅰ	Ⅱ	Ⅲ	Ⅳ	Ⅴ	Ⅵ
水位变动带岩性	砂卵石	砂、砂卵石	粉土、砂卵石	砂、砂卵石	砂、砂卵石	砂卵石
渗透系数 k	100	100	65	45	70	80

三、降水入渗系数 α

根据区内地下水动态资料、降水量以及不同区域水位变动带岩性的重力给水度等资料，利用下面公式计算降水入渗系数：

$$\alpha = \frac{\mu \Delta H}{P_{次}}$$

式中　α——降水入渗系数；

μ——水位变动带岩性的给水度；

ΔH——次降水引起的浅层地下水位升幅，m；

$P_{次}$——次降水量，mm。

结合《河南省洛阳市 2000 年地下水资源及环境地质问题预测报告》，大气降水入渗系数 α 雨季为 0.39 ~ 0.49，年内平均为 0.18 ~ 0.24。各均衡区降水入渗系数选取见表 5-5。

表 5-5　各均衡区降水入渗系数选取

区号	Ⅰ	Ⅱ	Ⅲ	Ⅳ	Ⅴ	Ⅵ
降水入渗系数 α	0.30	0.25	0.20	0.20	0.19	0.19

四、潜水蒸发系数 C

潜水蒸发系数与水位埋深有关，水位埋深大于 4 m 时，蒸发量极小，可视为零，伊洛河河间地段及伊河、洛河漫滩部分地区地下水位埋藏较浅，一般小于 4 m，存在着蒸发排泄，潜水蒸发系数采用柯达夫经验公式计算：

$$C = (1 - H/\Delta_0)^n$$

式中　C——潜水蒸发系数；

H——地下水位埋深，m；

Δ_0——蒸发极限埋深，m，取 4 m；

n——指数，取值 1.7。

结合各均衡区内地下水蒸发量及地下水位值，潜水蒸发系数选取成果见表 5-6。

表 5-6　潜水蒸发系数选取成果

年份	2006
潜水蒸发系数 C	0.077

五、灌溉回渗系数 β

结合均衡区地下水位埋深及前人研究成果，灌溉回渗系数选取见表 5-7。

表 5-7　灌溉回渗系数选取

区号	Ⅰ	Ⅱ	Ⅲ	Ⅳ	Ⅴ	Ⅵ
灌溉回渗系数 β	0.23	0.20	0.18	0.18	0.15	0.15

第四节　浅层地下水资源量计算

研究区浅层地下水直接接受大气降水及地表水补给，补给充足，水位埋深浅，宜开采。区内工农业用水多开采浅层地下水，因此本次工作的重点是计算和评价浅层地下水资源。由于 2009 年资料不全、2008 年较干旱（降水量 423.99 mm）、2007 年较湿润（降水量 982.06 mm）、2006 年处于两者之间（降水量 683.03 mm），因此选择 2006 年作为典型年进行均衡，也可将 2006 年浅层地下水的补给量作为多年平均补给量。

一、均衡法

（一）补给量计算

1. 降水入渗补给量

降水入渗补给量按下式计算：

$$Q_{降} = P\alpha F$$

式中　$Q_{降}$——大气降水入渗补给量，万 m^3/a；

P——年大气降水量，mm；

α——大气降水入渗系数；

F——计算区面积，km^2。

各均衡区降水入渗补给量计算结果见表 5-8。

2. 农田灌溉回渗补给量

据本次调查，研究区渠内无水，农田灌溉主要为开采地下水，据资料分析、确定，农田灌溉用水定额见表 5-9。

表 5-8　各均衡区降水入渗补给量计算成果

区号	面积 F (km^2)	α	2006 年	
			P(mm)	$Q_{降}$(万 m^3/a)
Ⅰ	22.69	0.30	683.03	464.94
Ⅱ	120.67	0.25	683.03	2 060.53
Ⅲ	39.18	0.20	683.03	535.22
Ⅳ	35.51	0.20	683.03	485.09
Ⅴ	28.61	0.19	683.03	371.29
Ⅵ	19.78	0.19	683.03	256.70
合计	266.44			4 173.77

表 5-9　农田灌溉用水定额　（单位：m^3/(亩·a)）

年份	2006
井水灌溉	300

灌溉回渗补给量采用下式计算：

$$Q_{灌渗} = \beta FA$$

式中　$Q_{灌渗}$——农田灌溉回渗补给量，万 m^3/a；

β——灌溉回渗系数；

F——灌溉面积，km^2；

A——灌水定额，m^3/(亩·a)。

各均衡区农田灌溉回渗补给量计算结果见表 5-10。

表 5-10　各均衡区农田灌溉回渗补给量计算结果

区号	灌溉回渗系数	灌溉类型	灌溉面积(亩)	2006 年入渗补给量(万 m^3/a)
Ⅰ	0.23	井水	12 215	84.28
Ⅱ	0.20	井水	40 050	240.3
Ⅲ	0.18	井水	6 810	36.77
Ⅳ	0.18	井水	3 824.5	20.65
Ⅴ	0.15	井水	2 420	10.89
Ⅵ	0.15	井水	5 785	26.03
合计			71 104.5	418.92

3. 地下水侧向径流补给量

根据 2006 年《洛阳市地下水动态监测报告》中 9 月 30 日等水位线图，在研究区周边均存在不同程度的地下水侧向径流补给，径流量可采用下式计算：

$$Q_{径补} = kmiLt$$

式中　$Q_{径补}$——地下水径流补给量,万 m^3/a;

k——地下水的渗透系数,m/d;

m——含水层平均厚度,m;

i——地下水平均水力坡度(‰);

L——计算断面长度,m;

t——补给时间,d。

各均衡区地下水侧向径流补给量计算结果见表 5-11。

表 5-11　各均衡区地下水侧向径流补给量计算结果

区号	计算断面	k(m/d)	L(m)	m(m)	i(‰)	t(d)	$Q_{径补}$(万 m^3/a)
Ⅰ	Ⅰ-1	100	1 207.5	35	1.66	365	256.07
	Ⅰ-2	100	5 175.0	35	2.90	365	1 917.21
	Ⅰ-3	100	1 205.5	35	0.41	365	63.14
	Ⅰ-4	100	1 528.0	35	1.31	365	255.71
	Ⅰ-5	100	5 437.5	35	1.47	365	1 021.12
	小计						3 513.25
Ⅱ	Ⅱ-1	100	798.5	30	0.66	365	57.71
	Ⅱ-2	100	1 160.0	30	0.66	365	83.83
	Ⅱ-3	100	1 562.5	30	0.66	365	112.92
	Ⅱ-4	100	511.0	30	0.82	365	45.88
	Ⅱ-5	100	612.0	30	0.82	365	54.95
	Ⅱ-6	100	2 950.0	30	1.00	365	323.03
	Ⅱ-7	100	718.5	30	0.74	365	58.22
	Ⅱ-8	100	237.0	30	0.74	365	19.20
	Ⅱ-9	100	1 044.0	30	0.74	365	84.60
	Ⅱ-10	100	381.5	30	0.74	365	30.91
	Ⅱ-11	100	1 090.0	30	0.74	365	88.32
	Ⅱ-12	100	443.0	30	0.74	365	35.90
	Ⅱ-13	100	784.5	30	0.74	365	63.57
	Ⅱ-14	100	593.0	30	0.85	365	55.19
	Ⅱ-15	100	1 043.0	30	2.95	365	336.92
	Ⅱ-16	100	3 733.0	30	3.735	365	1 526.73
	Ⅱ-20	80	1 771.5	15	5.04	365	391.06
	Ⅱ-21	80	1 680.5	15	5.04	365	370.97
	Ⅱ-22	80	909.5	15	5.04	365	200.77
	Ⅱ-23	80	3 542.5	15	5.14	365	797.53
	Ⅱ-24	80	1 251.0	15	3.20	365	175.34
	Ⅱ-25	80	718.5	15	2.78	365	87.49
	Ⅱ-26	65	1 565.0	20	3.61	365	268.08
	小计						5 269.12

续表 5-11

区号	计算断面	k(m/d)	L(m)	m(m)	i(‰)	t(d)	$Q_{径补}$(万 m^3/a)
Ⅲ	Ⅲ-1	65	12 675.0	25	2.12	365	1 593.78
	Ⅲ-2	65	3 145.0	25	0.64	365	119.38
	Ⅲ-3	65	1 194.5	25	1.67	365	118.32
	Ⅲ-8	65	5 357.5	20	2.79	365	709.25
	小计						2 540.73
Ⅳ	Ⅳ-1	45	3 739.5	20	4.68	365	574.90
	Ⅳ-2	45	6 312.0	20	5.76	365	1 194.33
	Ⅳ-3	40	883.5	15	3.48	365	67.33
	小计						1 836.56
Ⅴ	Ⅴ-1	70	4 176.5	35	2.12	365	791.79
	Ⅴ-2	70	3 688.5	35	1.53	365	504.66
	小计						1 296.45
Ⅵ	Ⅵ-1	80	785.0	30	0.25	365	17.19
	Ⅵ-2	80	2 408.0	30	2.49	365	525.24
	Ⅵ-3	80	1 768.5	25	4.52	365	583.53
	Ⅵ-4	80	2 058.0	25	0.97	365	145.73
	Ⅵ-5	80	648.0	20	0.77	365	29.14
	Ⅵ-6	80	1 041.5	20	0.96	365	58.39
	Ⅵ-7	80	7 232.0	20	1.11	365	468.81
	小计						1 828.03
合计							16 284.14

4. 河流渗漏补给量

流经研究区的河流主要有伊河、洛河及其支流涧河，河流补给地下水的方式分为垂直渗漏补给和侧向渗透补给。水面工程建成后，洛河垂直渗漏补给段大部分已转变为侧向渗透补给，涧河为垂直渗漏补给，其计算公式为：

$$Q_{垂} = Lq_{R}t$$

其中 $Q_{垂}$——河流垂直渗漏补给量，万 m^3/a；

L——垂直渗漏长度，km；

q_R——单位长度、单位时间渗漏量，万 m^3/(km·d)；

t——渗漏时间，d。

值得说明的是，q_R 的值不是固定常数，它取决于河水的深度和宽度。根据前人研究成果，洛河、涧河垂直入渗时，其垂直入渗段月单宽渗漏量与宜阳站月径流量有相关关系，根据在《洛阳市地下水资源评价》工作中的研究，其相关方程为：

$$\frac{1}{q_R} = 8.506 + 10.789 \cdot \frac{1}{Q_Y}$$

式中　q_R——洛河垂直渗漏段单宽渗漏量，万 m^3/(m·月)；

Q_Y——洛河宜阳水文站径流量，亿 m^3/月。

2006 年径流量按 14.062 2 亿 m^3 计算，其单宽渗漏量计算结果见表 5-12。

表 5-12　2006 年洛河垂直入渗段单宽渗漏量计算结果　（单位：亿 m^3）

月份	Q_Y	q_R
1	0.554 4	0.035 7
2	0.490 7	0.032 8
3	0.409 5	0.028 7
4	0.265 9	0.020 4
5	0.483 5	0.032 4
6	0.323 0	0.023 9
7	1.233 7	0.058 0
8	4.328 6	0.090 9
9	1.107 6	0.054 8
10	2.032 1	0.072 4
11	1.753 8	0.068 2
12	1.079 4	0.054 0
全年	14.062 2	0.572 2

2006 年涧河垂直入渗段渗漏补给量计算结果见表 5-13。

表 5-13　2006 年涧河垂直入渗段河水渗漏补给量计算结果

补给区段	L(km)	2006 年垂直入渗补给	
		q_R(亿 m^3/(km·a))	$Q_垂$(万 m^3/(km·a))
Ⅳ	9.08	0.572 2	5 195.58
Ⅴ	3.10	0.572 2	1 773.82
合计			6 969.40

河流侧向渗透补给量按下式计算：

$$Q_{侧渗} = kmiLt$$

式中　$Q_{侧渗}$——河流侧向渗透补给量，万 m^3/a；

k——地下水的渗透系数，m/d；

m——含水层平均厚度，m；

i——地下水平均水力坡度；

L——计算断面长度，m；

t——补给时间，d。

从区内2009年9月浅层地下水等水位线图可以看出，洛河从境内上游到辛店附近以排泄地下水为主；而在辛店至安乐之间，则表现为河水补给地下水；在安乐至李楼附近一般表现为河水排泄地下水，机车工厂至白马寺附近由于东郊水源地的长期集中开采造成此段河水补给地下水。

各均衡Ⅰ区河流侧向渗透补给量计算结果见表5-14。

表5-14 各均衡Ⅰ区河流侧向渗透补给量计算结果

区号	计算断面	k(m/d)	L(m)	m(m)	i(‰)	t(d)	$Q_{侧渗}$(万 m³/a)
Ⅰ	Ⅰ-a左	100	1 880	35	1.750	365	420.30
	Ⅰ-a右	100	2 585	35	1.000	365	330.23
	Ⅰ-b左	100	2 915	35	1.875	365	698.23
	Ⅰ-b右	100	2 505	35	0.875	365	280.01
	Ⅰ-c左	100	2 490	35	0.950	365	302.19
	Ⅰ-c右	100	2 585	35	1.300	365	429.30
	Ⅰ-d左	100	3 730	35	1.650	365	786.23
	Ⅰ-d右	100	3 120	35	3.100	365	1 235.60
	Ⅰ-e左	100	3 190	35	1.650	365	672.41
	Ⅰ-e右	100	4 060	35	3.800	365	1 970.92
	Ⅰ-f	100	795	30	3.000	365	261.16
合计							7 386.58

(二)排泄量计算

区内浅层地下水的排泄量主要有工业开采及人畜生活用水量、井灌开采量、地下水侧向径流排泄量、潜水蒸发排泄等。

1. 工业开采及人畜生活用水量计算

工业开采主要为集中水源地开采、工业企业用水，根据洛阳市节约用水办公室及洛阳市水利局的资料统计计算，其计算结果见表5-15。

表5-15 工业开采及人畜生活用水量计算结果

区号	面积(km²)	集中水源地开采量(万 m³/a)	工业及生活用水量(万 m³/a)	合计(万 m³/a)
Ⅰ	22.69	0	160.00	160.00
Ⅱ	120.67	4 321.7	1 000.00	5 321.70
Ⅲ	39.18	0	2 856.00	2 856.00
Ⅳ	35.51	1 058.5	3 591.07	4 649.57
Ⅴ	28.61	1 000.0	1 007.60	2 007.60
Ⅵ	19.78	80.3	500.00	580.30
总计				15 575.17

2. 井灌开采量计算

井灌开采量由灌溉面积乘以灌溉定额求得，灌溉定额见表5-9，2006年井灌开采量计算结果见表5-16。

表5-16　2006年井灌开采量计算结果

区号	灌溉面积（亩）	井灌开采量（万 m^3）
Ⅰ	12 215	366.45
Ⅱ	40 050	1 201.50
Ⅲ	6 810	204.30
Ⅳ	3 824.5	114.74
Ⅴ	2 420	72.60
Ⅵ	5 785	173.55
合计	71 104.5	2 133.14

3. 地下水侧向径流排泄量

地下水侧向径流排泄量按下式计算：

$$Q_{径排} = kmiLt$$

式中　$Q_{径排}$——地下水侧向径流排泄量，万 m^3/a；

k——地下水的渗透系数，m/d；

m——含水层平均厚度，m；

i——地下水平均水力坡度；

L——计算断面长度，m；

t——补给时间，d。

地下水侧向径流排泄量计算结果见表5-17。

表5-17　地下水侧向径流排泄量计算结果

区号	计算断面	k(m/d)	L(m)	m(m)	i(‰)	t(d)	$Q_{径排}$(万 m^3/a)
Ⅰ	Ⅰ-6	100	5 889.5	35	5.26	365	3 957.54
	Ⅰ-7	100	6 986.5	35	2.58	365	2 302.72
	Ⅰ-8	100	4 652.5	35	0.45	365	267.46
	Ⅰ-9	100	5 671.5	35	0.72	365	521.66
	Ⅰ-10	100	14 904.5	35	1.88	365	3 579.61
	小计						10 628.99
Ⅱ	Ⅱ-18	100	4 460	30	0.24	365	117.15
	Ⅱ-19	100	5 237.5	30	1.05	365	602.18
	小计						719.33

续表 5-17

区号	计算断面	k(m/d)	L(m)	m(m)	i(‰)	t(d)	$Q_{径排}$(万 m^3/a)
Ⅲ	Ⅲ-7	65	1 565	30	1.96	365	218.32
	Ⅲ-8	65	1 555	30	3.67	365	406.71
	小计						625.03
Ⅳ	Ⅳ-9	45	7 051	25	5.03	365	1 456.34
	小计						1 456.34
Ⅴ	Ⅴ-5	100	4 460	30	0.578	365	282.24
	Ⅴ-6	100	5 237.5	30	1.05	365	602.18
	小计						884.42
Ⅵ	Ⅵ-8	80	1 397	25	2.01	365	204.98
	Ⅵ-9	80	7 311	25	1.795	365	958.00
	小计						1 162.98
合计							15 477.09

4. 潜水蒸发排泄量

潜水蒸发排泄量采用下式计算：

$$Q_{蒸} = C\varepsilon_0 F$$

式中 $Q_{蒸}$——潜水蒸发量，万 m^3/a；

C——潜水蒸发系数；

ε_0——水面蒸发强度，m；

F——蒸发面积，km^2。

潜水蒸发排泄量计算结果见表 5-18。

表 5-18　潜水蒸发排泄量计算结果

区号	年份	F (km^2)	水面蒸发强度 (m)	蒸发系数	蒸发排泄量 (万 m^3/a)
Ⅰ	2006 年	18	0.945	0.077	113.97

(三) 参数验证及水均衡分析

将典型年 2006 年浅层地下水的补给量、排泄量代入浅层地下水均衡方程，进行均衡计算得出其水位升降值，结果见表 5-19。

由表 5-19 可知，均衡年研究区浅层地下水补给量为 35 232.78 万 m^3，排泄量为 33 299.37万 m^3，补给量大于排泄量，处于正均衡，均衡差为 1 933.41 万 m^3。其中，计算Ⅰ区补给量为 11 449.05 万 m^3，排泄量为 11 269.41 万 m^3，补给量大于排泄量，平均水位上升 0.317 m，实测水位回升平均值为 0.32 m；计算Ⅱ区补给量为 7 569.92 万 m^3，排泄量为 7 242.53 万 m^3，补给量大于排泄量，平均水位上升 0.12 m，实测水位回升平均值为 0.123 m；计算Ⅲ区补给量为 3 151.90 万 m^3，排泄量为 3 685.33 万 m^3，排泄量大于补给

表 5-19　均衡计算表

区号	面积(km^2)	补给量(万 m^3/a)						排泄量(万 m^3/a)					均衡差(万 m^3/a)	给水度	水位变幅(m)
		$Q_{降}$	$Q_{灌渗}$	$Q_{径补}$	$Q_{垂}$	$Q_{侧渗}$	小计	$Q_{开采}$	$Q_{井灌}$	$Q_{径排}$	$Q_{蒸}$	小计			
Ⅰ	22.69	464.94	84.28	3 513.25	—	7 386.58	11 449.05	160.00	366.45	10 628.99	113.97	11 269.41	179.64	0.25	0.317
Ⅱ	120.67	2 060.53	240.30	5 269.09	—	—	7 569.92	5 321.70	1 201.5	719.33	—	7 242.53	327.39	0.22	0.12
Ⅲ	39.18	535.22	36.77	2 540.73	—	—	3 151.90	2 856.00	204.3	625.03	—	3 685.33	-533.43	0.21	-0.65
Ⅳ	35.51	485.09	20.65	1 836.56	5 195.58	—	7 537.88	4 649.57	114.74	1 456.34	—	6 220.65	1 317.23	0.21	1.77
Ⅴ	28.61	371.29	10.89	1 296.45	1 773.82	—	3 452.45	2 007.60	72.6	884.42	—	2 964.62	333.75	0.20	0.85
Ⅵ	19.78	256.70	26.03	1 828.03	—	—	2 110.76	580.30	173.55	1 162.98	—	1 916.83	267.31	0.20	0.49
合计	266.44	4 173.77	418.92	16 284.11	6 969.40	7 386.58	35 232.78	15 575.17	2 133.14	15 477.09	113.97	33 299.37	1 933.41		

量，平均水位下降0.65 m，实测水位下降0.60 m；计算Ⅳ区补给量为7 537.88 万 m^3，排泄量为6 220.65 万 m^3，补给量大于排泄量，平均水位上升1.77 m，实测水位回升1.753 m；计算Ⅴ区补给量为3 452.45 万 m^3，排泄量为2 964.62 万 m^3，补给量大于排泄量，平均水位上升0.85 m，实测水位上升0.87 m；计算Ⅵ区补给量为2 110.76 万 m^3，排泄量为1 916.83万 m^3，补给量大于排泄量，平均水位上升0.49 m，实测水位上升0.48 m。

各区计算水位与实测水位比较接近，表明计算所选参数较合理，计算的补给量和消耗量可靠。均衡时段内水位回升主要是由于洛河水面工程蓄水引起的，水位下降主要是由于开采量过大引起的。

二、数值法

（一）复合模型思路

洛阳市第四系地下水是该市主要开发利用的水资源，主要集中于伊河、洛河河漫滩及其一级、二级阶地的浅层地下水含水系统中。根据地下水流动系统理论，地下水渗流场数值模拟的范围应取至流动系统的自然边界。但本书的重点研究区（洛阳市）不是一个完整的水文地质单元（仅是洛阳盆地的一部分），边界条件难以控制。因此，在本书研究中，采用一种较新的思路——复合模型法，即大模型套小模型，大研究区控制边界条件，重点研究大区域（洛阳盆地）中一小区域（洛阳市），分析洛阳市的水资源保护问题。在本书研究中，首先建立整个洛阳盆地的地下水流动数值模型（大模型，676.5 km^2），然后从模型中提取研究区洛阳市（小模型，544 km^2）的信息，建立小区模型，分析洛阳市的地下水补给、径流、排泄的特点，为洛阳市水资源的保护提供参考依据。

（二）水文地质概念模型

洛阳盆地系中生代末期形成的北东向断陷盆地。盆地南为嵩山背斜，北部有垂直断距达数千米的首阳山断裂，形成了盆地基底南高北低的掀斜形态。因历经多次构造变动，盆地基底断裂构造发育，主要发育有东西向、北东向、北西向三组断裂。

在垂向上，洛阳盆地第四系松散沉积层可以概化为三层，即潜水含水层（Q_4 及 Q_3）、相对的隔水层（Q_2）及一个承压含水层（以 Q_1 为主）。

洛阳盆地潜水含水层由全新统和上更新统地层组成，浅部为全新统沉积层，岩性为灰黄色轻亚砂土、亚砂土与厚层的粉细砂、细砂层，并可见1～2层淤泥层，颜色以灰色、黑色、黄灰色为主，厚度一般为15～20 m；下部为上更新统沉积层，岩性主要有灰黄色、土黄色厚层亚砂土、粉细砂、中细砂层，含砂比一般在40%以上，底板埋深40～90 m，厚度20～50 m，此层为浅层地下水水源地的供水层。中更新统隔水层主要由黏土、亚黏土组成，中间夹薄层细砂。承压含水层分布在盆地的中部，为湖积物，主要为细砂、中砂、粗砂、砾石、砂砾石，成分复杂，分选性差。

洛阳盆地浅层水的补给来源主要是降水、河水及灌溉水的入渗及盆地周边的侧向补给；开采、蒸发、向深层越流及区外的侧排为主要排泄途径。整个盆地的地下水基本由盆地周边向盆地中部汇集，沿着伊洛河向盆地外部排泄，盆地地下水流动系统概念模型见图5-2。中深层水的主要补给来源是上层越流和盆地周边的侧向补给，开采为唯一的排泄途径。洛阳盆地内打了大量混合开采井，使上、下含水层互相串通，现已成为统一的混合含水层。因此,应该将洛阳盆地地下水水流系统概化为三维流动系统。

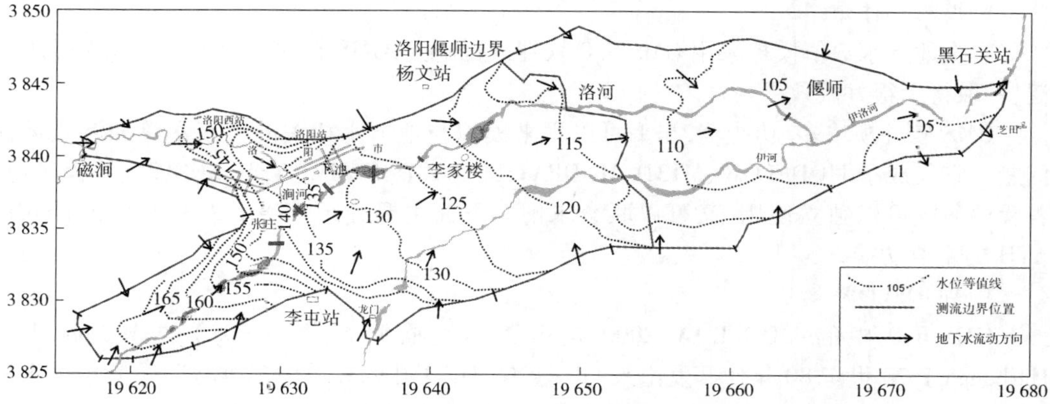

图 5-2 洛阳盆地地下水流动系统概念模型

(三)数学模型

根据水文地质概念模型,建立三层结构的非均质三维非稳定流数学模型来模拟洛阳盆地浅层地下水系统渗流场,数学模型为:

$$\begin{cases}\dfrac{\partial}{\partial x}\left(k_{xx}M_{xx}\dfrac{\partial H}{\partial x}\right)+\dfrac{\partial}{\partial y}\left(k_{yy}M_{yy}\dfrac{\partial H}{\partial y}\right)+\dfrac{\partial}{\partial z}\left(k_{zz}M_{zz}\dfrac{\partial H}{\partial z}\right)+\varepsilon=\mu\dfrac{\partial H}{\partial t}\\ -k_{xx}\dfrac{\partial H}{\partial n}\Big|_{(x,y,z)\epsilon\Gamma}=q(x,y,z)\\ k_{zz}\dfrac{\partial H}{\partial n}\Big|_{(x,y,z)\epsilon B}=q_{\mathrm{b}}\\ H(x,y,z,t)\big|_{t=0}=H_0(x,y,z)\end{cases}\tag{5-1}$$

式中 k_{xx}、k_{yy}和 k_{zz}——x、y 方向和 z 方向的渗透系数,$k_{xx}=k_{yy}$;

H——水头值;

ε——源汇项;

μ——给水度,第一含水层取重力给水度 μ_{d},由于开采地下水,第二、三层存在由承压转无压的情况,当为承压时,采用弹性释水系数 μ_{e},当为无压状态时,选用重力给水度 μ_{d};

n——边界面的外法线方向;

Γ——侧边界;

B——底边界;

q_{b}——越流量;

H_0——初始水位。

(四)地下水流动数值模型

为了进一步分析洛阳盆地第四系地下水系统特征,定量评价地下水资源,在已有地质、水文地质资料和长期观测资料的基础上,建立地下水流动数值模拟模型,对洛阳盆地第四系地下水渗流场的演化进行模拟和预测,为制订地下水合理开采方案及地下水水源地保护区的划分奠定基础。

1. 模拟软件介绍

本次地下水数值模拟采用 GMS 5.0 软件进行研究，GMS 在评价地下水资源中应用广泛，并取得了很好的效果。

GMS 软件模块多、功能全，几乎可以用来模拟与地下水相关的所有水流和溶质运移问题。它集成了 MODFLOW、MT3D、MODPATH、ART3D、FEMWATER、SEEP2D 等程序包。各程序包既可以独立使用，又可以联合求解。下面主要介绍 MODFLOW、MT3D、MODPATH 的主要功能。

1）MODFLOW 模块

GMS 6.0 中的 MODFLOW 2000 是由美国地质调查局（USGS）的 McDonald 和 Harbaugh于 20 世纪 80 年代开发出来的一套专门用于孔隙介质中三维有限差分地下水流数值模拟的软件。自问世以来，MODFLOW 已经在全世界范围内，在科研、生产、环境保护、水资源利用等许多行业和部门得到了广泛的应用，成为最为普及的地下水运动数值模拟的计算软件。这种普及性是由如下特点决定的：

（1）程序结构的模块化。MODFLOW 包括一个主程序和若干个相对独立的子程序包（Package）。每个子程序中有数个模块，每个模块用以完成数值模拟的一部分。例如，河流子程序包用来模拟河流与含水层之间水力联系，井流子程序包用来模拟抽水井和注水井对含水层的影响。

（2）离散方法的简单化。MODFLOW 采用有限差分法对地下水流进行数值模拟。差分法易于程序的普及和数据文件的规范。其主要缺点是当对某些单元网格加密时，会增加许多额外的、不必要的计算单元，延长程序的运行时间，随着计算机速度的迅速提高，计算机受网格数量的限制越来越小，差分法的优势越来越大，MODFLOW 解决地下水流运动问题已经将含水层剖分到多达 360 × 360 × 18 个网格单元。

（3）MODFLOW 引进了应力期（Stress Period）概念。它将整个模拟时间分为若干个应力期，每个应力期又可再分为若干个时间段。在同一应力期，各时间段既可以按等步长，也可以按一个规定的几何序列逐渐增长。而在每个应力期内，所有的外部源汇项的强度应保持不变。这样就简化、规范了数据文件的输入，而且使得物理概念更为明确。

（4）求解方法的多样化。迄今为止，MODFLOW 已经含有强隐式法、逐次超松弛迭代法、预调共轭梯度法等子程序包。可以预见，MODFLOW 的求解子程序包必将更加多样化，应用范围也更为广泛。大量实际工作表明，只要恰当地使用 MODFLOW，就可以用来解决裂隙介质中的地下水流动问题。

2）MT3D 模块

MT3D 可以用来模拟可溶性污染物在地下水中的对流、弥散、扩散作用和一些基本的化学反应过程，能够有效处理各种边界条件和外部源汇项。模型中的化学反应主要是一些比较简单的单组分反应，包括平衡或非平衡状态的线性或非线性吸附作用、一阶不可逆反应（如生物降解等）和可逆的动态反应等。MT3D 能够适用于各种水文地质条件，包括：①承压、无压或承压 - 无压含水层；②倾斜或厚度变化的含水层；③指定浓度或通量边界条件；④蒸发、抽水井、河流等多种外部源汇项。

MT3D 采用块中心的有限差分网格来对研究区进行离散，其节点位于每个网格的中心。在计算时，首先采用 MODFLOW 模型确定研究区各节点上的水头，然后将水头作为 MT3D 的输入数据，通过求解对流－弥散方程即可得到污染物浓度在这些节点上随时间的变化规律。

3）MODPATH 模块

MODPATH 是确定给定时间内地下水稳定或非稳定流中质点运移路径的三维示踪模型。它和 MODFLOW 一起使用，根据 MODFLOW 计算出来的流场，MODPATH 可以追踪一系列虚拟的粒子来模拟从用户指定地点溢出污染物的运动。这种追溯跟踪方法可以用来描述给定时间内井的截获区。

2. 网格剖分

对上述地下水流动数学模型（式(5-1)），采用正交网格三维有限差分数值方法求解。为了保证计算收敛，采用交替方向隐式差分格式，利用强隐式迭代法（SIP）求解差分方程。采用矩形有限差分法离散地下水模型，剖分网格 x、y 方向上的面积为 509 m × 568 m，根据地层岩性的变化垂向上剖分为 3 层（见图 5-3 ~ 图 5-6）。有效单元总数为 7 704 个，有效模拟范围为 676.5 km^2。

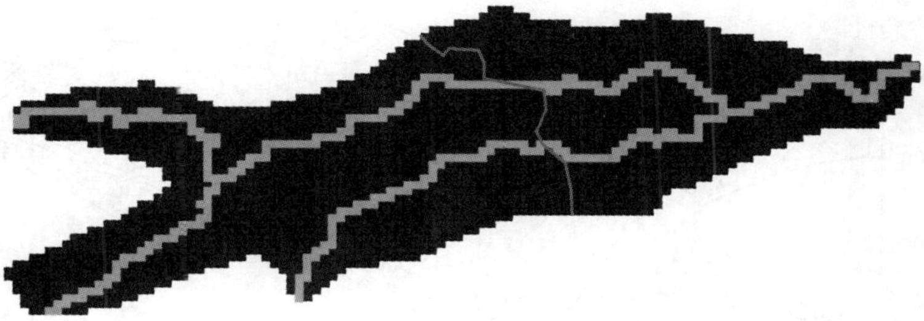

图 5-3 网格剖分图

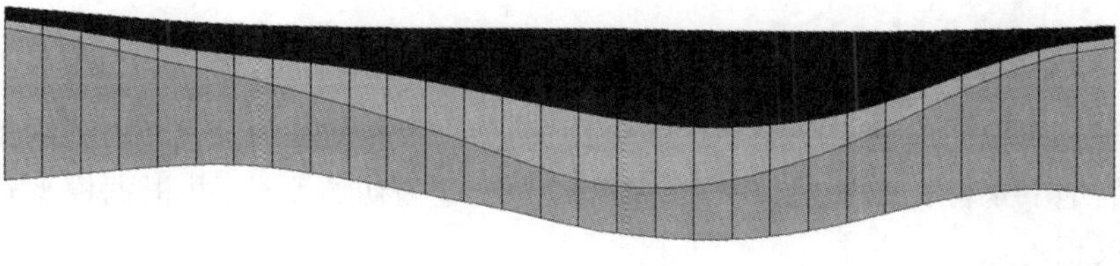

图 5-4 概化剖面（南北向）

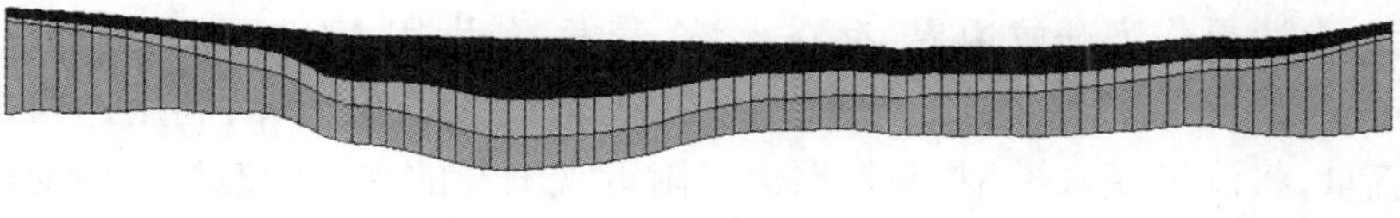

图 5-5 概化剖面（东西向）

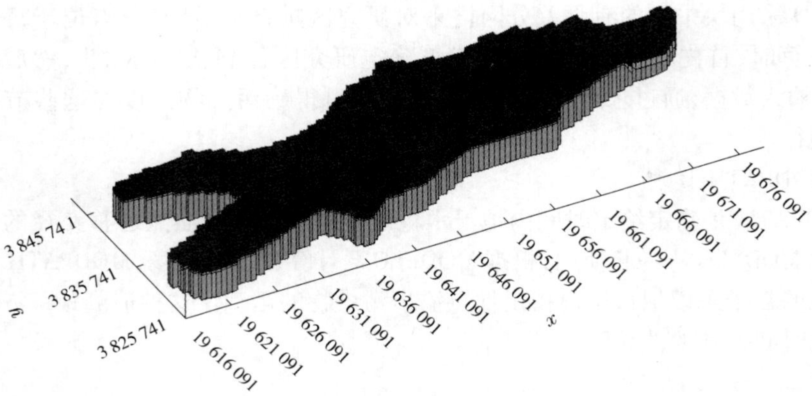

图 5-6　三维网格剖分图

3. 地形和初始条件

从 1:5万地形图上读取标志点的地面高程数据，采用 Kriging 空间插值方法进行插值（利用 MODFLOW 的插值模块 Field Interpolator 实现），确定各单元的地面高程，见图 5-7 和图 5-8。用同样的方式对地下水位、含水层顶底板数据进行插值和赋值。

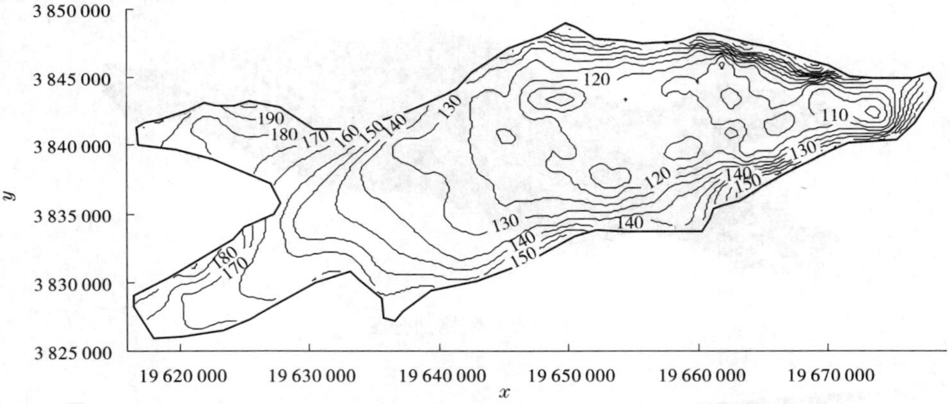

图 5-7　洛阳盆地地形等高线

本次研究模拟时间为 1999 ~ 2015 年，因此选用 1999 年的统测水位，利用插值的方法获取全区的地下水位分布情况（见图 5-9），作为模型的初始水位，并根据模型运行的实际情况进行校正。

4. 边界条件

根据模拟区域的地质、水文地质条件，将底边界处理为流量边界，以面状开采井的形式赋入模型；上边界作为开放边界，存在入渗、蒸发，分别用 MODFLOW 中的 Recharge 模块和 Evapotranspiration 模块处理；将侧边界条件概化为变流量边界，利用达西定律分别计算各段的流量，将流量赋入模型，并根据边界附近观测井的水位动态按时段对边界流量进行调整。

伊河、洛河、涧河和伊洛河处理为变流量边界，其流量取决于河流水位、河床岩性和地下水位，利用 MODFLOW 中的 River 模块处理。

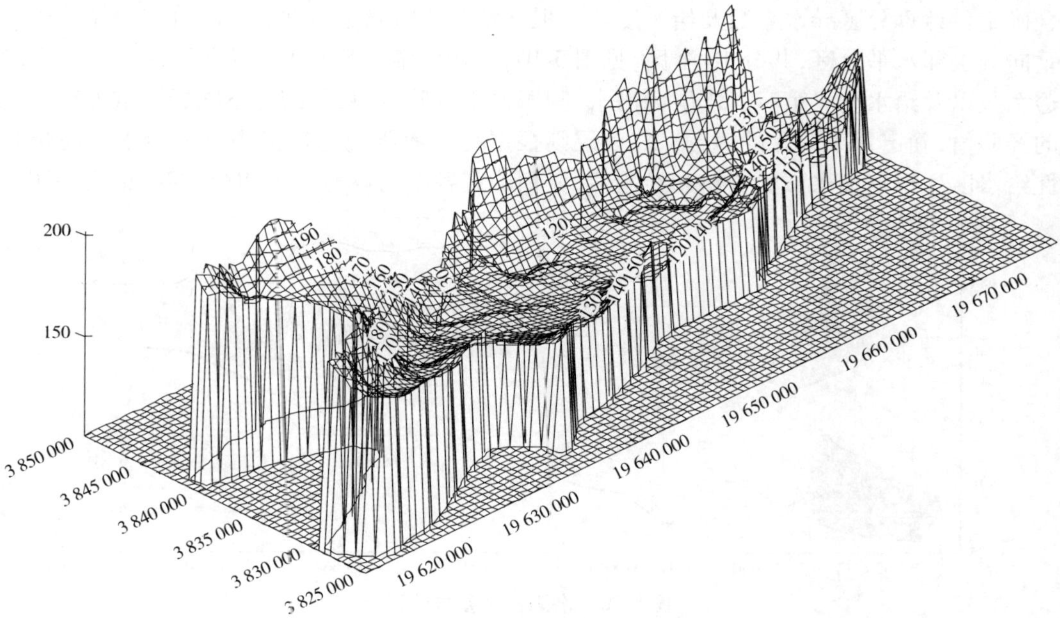

图 5-8　洛阳盆地三维地形图

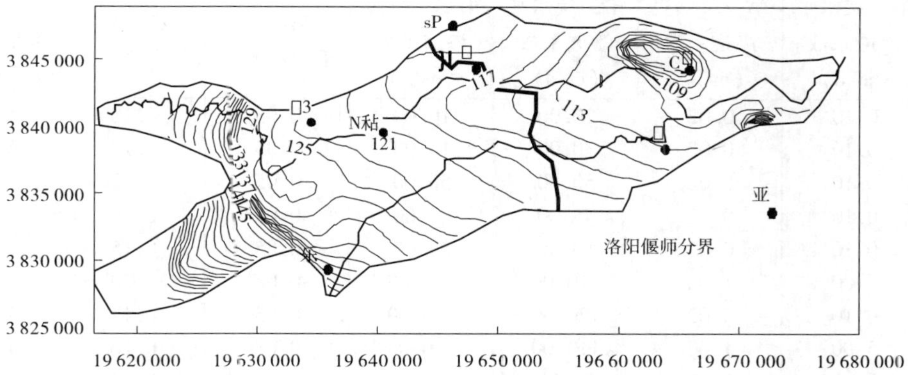

图 5-9　洛阳盆地 1999 年等水位线图

5. 岩性参数的选取

参数确定是建立数值模型的关键。一般来说，模型参数与实际参数有一定的区别，这种区别表现在以下两个方面：

(1)由于模型结构与实际地下水系统结构不一致，只能在一定精度下建立等效模型。因此，用模型识别方法得到的参数，只能是等效参数。

(2)用抽水试验、土工试验等方法确定的参数具有局部性，不能够满足区域范围的模拟要求。为此，要以岩性分布为基础，以抽水试验和土工试验参数为约束，以水位动态观测资料为拟合要素，应用数值模拟模型识别方法来确定模型参数。

渗透系数和给水度参考值已有评价报告的试验研究成果，结合各种岩性的经验值，综合确定各计算分区导水系数及给水度值。根据钻孔资料确定岩性的空间分布规律并进行垂向分层和水平分区，共分 18 个区，见图 5-10，利用渗流等效原理为各层、各单元确定渗透系数以及给水度。第一含水层为潜水，利用抽水试验资料，并结合不同岩性重力给水度的经验值，确定每个单元的值；第二、三层则根据是否承压而选择采用重力给水度还是弹性给水度。根据抽水试验资料和经验值，分别确定各层的渗透系数和给水度，见表 5-20。

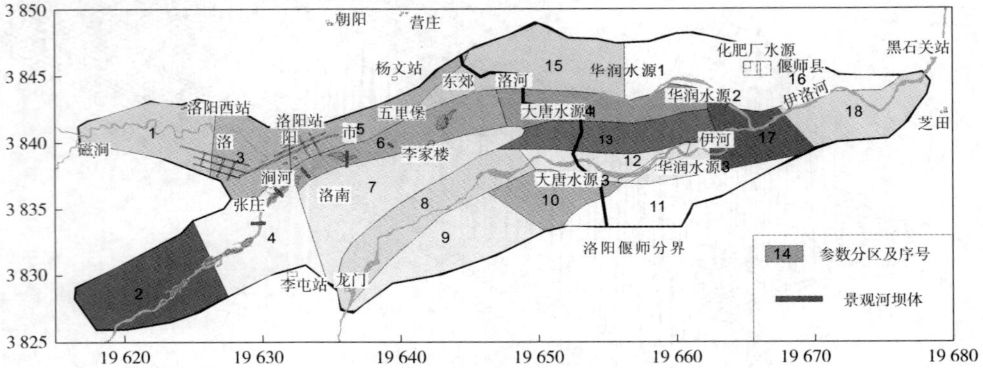

图 5-10　洛阳盆地参数分区

表 5-20　地下水数值模拟识别后的参数

分区	第一层水平渗透系数（m/d）	第一层垂直渗透系数（m/d）	第二层水平渗透系数（m/d）	第二层垂直渗透系数（m/d）	第一层重力给水度	第二层重力给水度	第二层弹性给水度（×10⁻⁴）
1	0.10	0.02	20.00	10.00	0.05	0.10	1.50
2	0.10	0.02	30.00	15.00	0.05	0.12	1.70
3	0.10	0.02	50.00	50.00	0.05	0.12	1.20
4	0.10	0.02	45.00	45.00	0.05	0.10	1.20
5	0.10	0.02	50.00	50.00	0.05	0.15	1.20
6	5.00	1.00	110.00	110.00	0.08	0.20	1.00
7	0.10	0.02	120.00	120.00	0.05	0.17	1.00
8	5.00	1.00	110.00	110.00	0.08	0.20	1.00
9	0.10	0.02	80.00	80.00	0.05	0.15	1.00
10	0.10	0.02	20.00	20.00	0.05	0.15	1.50
11	0.10	0.02	5.00	5.00	0.05	0.15	1.60
12	5.00	1.00	100.00	100.00	0.08	0.20	1.00
13	0.10	0.02	90.00	90.00	0.05	0.18	1.00
14	5.00	1.00	100.00	100.00	0.08	0.20	1.00
15	0.10	0.02	45.00	45.00	0.05	0.15	1.50
16	0.10	0.02	30.00	30.00	0.05	0.15	1.50
17	0.10	0.02	25.00	25.00	0.05	0.15	1.50
18	0.10	0.02	20.00	20.00	0.05	0.15	1.50

（五）模型拟合与检验

1. *参数识别方法*

地下水流数值模拟模型检验与参数识别，主要是利用已有的地下水渗流场、地下水位长期观测资料，在地下水系统不同的信息输入或激励（地下水开采、地下水各项补给）下，模拟系统的输出（地下水位变化等）过程，通过输入与输出的比较分析达到以下目的：

（1）检验所选用的地下水数学模型对评价区地下水系统的行为、功能和特征的适应性，深化对研究区水资源系统、水文地质条件和模型的认识。

（2）验证实测地下水位过程与拟合地下水位过程是否在可接受限度之内。

（3）检验和确定各项水文地质参数。

2. 模型拟合及检验结果

拟合程度的优劣是检验模拟模型能否充分反映水文地质实体模型的重要依据，它是确定地下水数值模拟模型的关键。由于地下水位的时空变化规律能充分反映地下水系统的结构及各种输入信息（抽水量、降水量等）的特征，所以数值法是以水位观测数据为准的，以使计算水位与其误差最小为目的，对模型及参数进行调整与修改（潘国营，1994）。

长期以来，由于对调整哪些参数及约束条件缺乏统一的规定，对在计算区内选取多少水位观测孔作为拟合孔，各观测孔的间距是多少没有一个量的标准，致使不少建模者片面地追求拟合效果而任意调整模型参数，甚至改变含水层的边界条件及源（汇）项等原始数据。这种做法不仅容易使模型脱离实际的水文地质条件，而且造成模型的多解性。

校正模型应以调整含水层的水文地质参数为主，至于含水层结构、边界条件及源（汇）项等数据是在数值计算之前通过勘察手段获得的，一般不宜随意调整修改。水文地质参数虽可调整，但有一定的范围，应以不脱离实际的水文地质条件为准，更不能改变参数的数量级。计算区应选有足够数量且有一定代表性的长期观测孔（或抽水试验水位观测孔）作为水位拟合时的拟合孔。不同的含水层、不同的水文地质分区及边界上都应布置有一定的观测孔作为拟合孔。

通过适当地调整模型参数，使拟合孔观测水位与计算水位相吻合。判断拟合效果好坏，包括以下 3 个方面：

（1）计算水位与观测水位动态变化特征是否一致。

（2）拟合后反求出的模型参数是否与实际的水文地质条件匹配。

（3）拟合前后水量是否均衡。

研究区内较连续的观测孔的拟合结果见图 5-11 ~ 图 5-24。由于部分区域地下水开采量大，并且许多开采井距离较近，因此部分开采井存在着较强烈的井群干扰现象。同时，我们所建立的模型是建立在概化的基础上的，许多参数作了平均，因此模型的计算值与观测值之间存在着一定的差距。但从整个拟合及检验的结果看，观测数据与计算数据变化趋势基本一致，模型能够反映研究区地下水流动的基本特征。

具体拟合及检验结果为：

（1）25 号观测孔处于龙门山冲洪积扇上，距离河流较远，水位主要受降水的影响，变化幅度较大，计算水位与观测水位的变化趋势一致，但计算水位略高于观测水位，见图 5-11。

（2）观测孔 lg4、lg8、lg14 和 lg57 受洛河水位影响较大，其中 lg14 和 lg57 还分别受到下池水源地和洛南水源地开采的影响，从模拟结果看，计算值和观测值符合得较好，模型基本上能够反映出河流补给对地下水位的影响，见图 5-12 ~ 图 5-15。

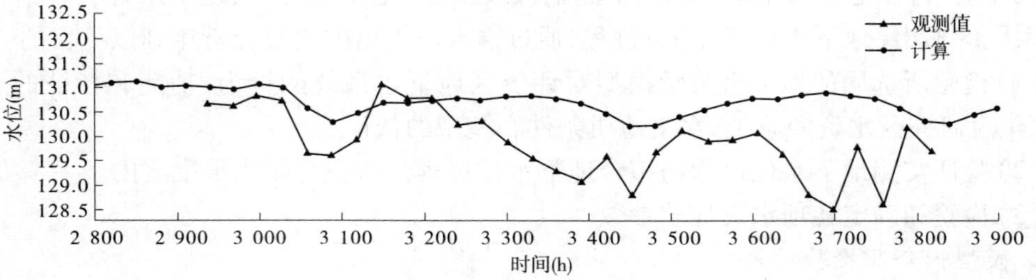

图 5-11　25 号观测孔模型动态数据的拟合及检＊验

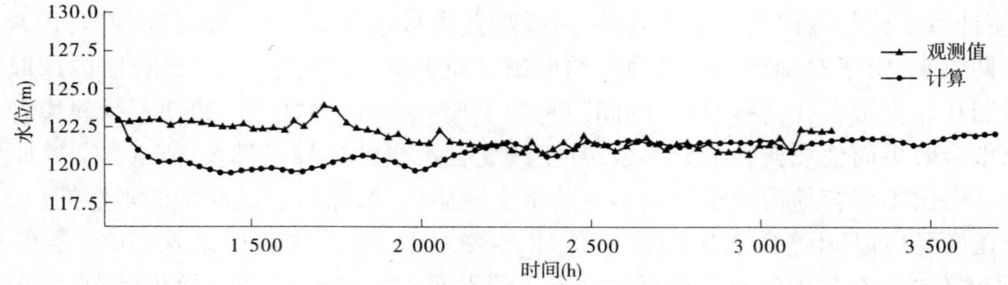

图 5-12　lg4 号观测孔模型动态数据的拟合及检验

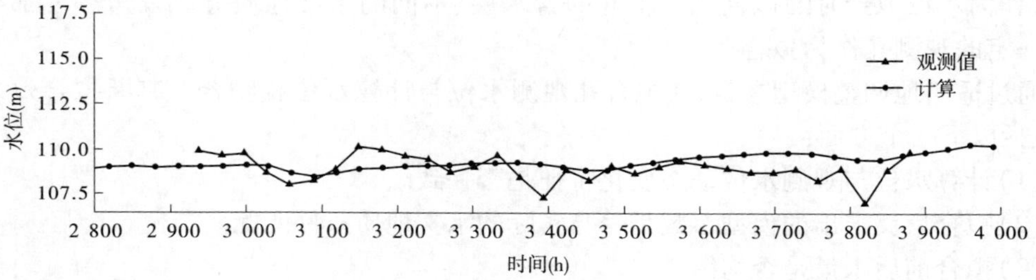

图 5-13　lg8 号观测孔模型动态数据的拟合及检验

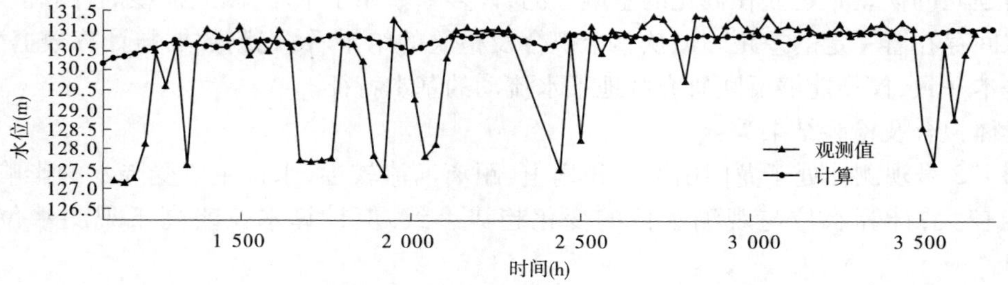

图 5-14　lg14 号观测孔模型动态数据的拟合及检验

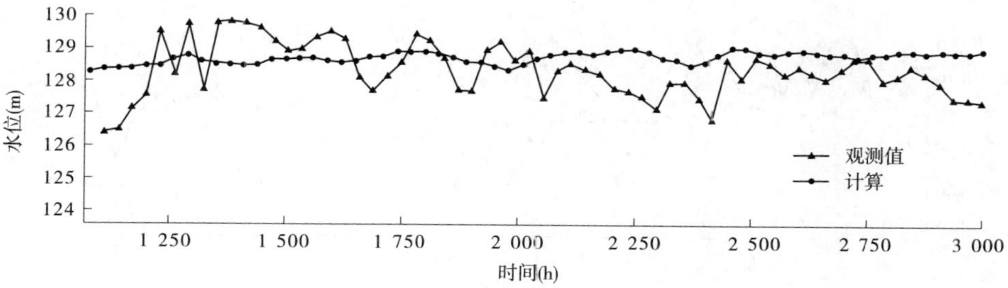

图 5-15　lg57 号观测孔模型动态数据的拟合及检验

(3)观测孔 lg71、lg67 和 lg68 主要受洛南水源地开采的影响，各开采井水位变化幅度较大，计算值基本上从观测曲线的中部穿过，模型能够再现洛南水源地地下水流动变化规律，见图 5-16 ~ 图 5-18。

(4)观测孔 lg77、lg27、lg9 处于伊洛河冲积平原上，受水源地开采和河流影响较小，开始阶段(2002 ~ 2005 年)观测值与计算值差别较大，2005 年以后，观测值与计算值趋于一致，见图 5-19 ~ 图 5-21。

(5)观测孔 lg78 处于李楼水源地附近，距离洛河较近，拟合检验结果显示，2005 年以前，计算值略高于观测值，2005 年以后，两者趋于一致，见图 5-22。

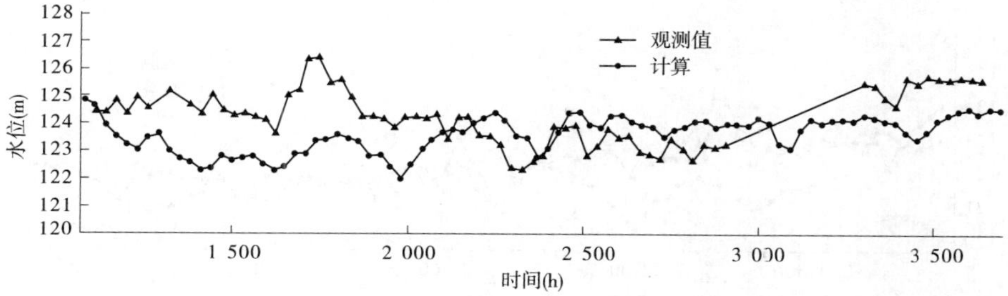

图 5-16　lg71 号观测孔模型动态数据的拟合及检验

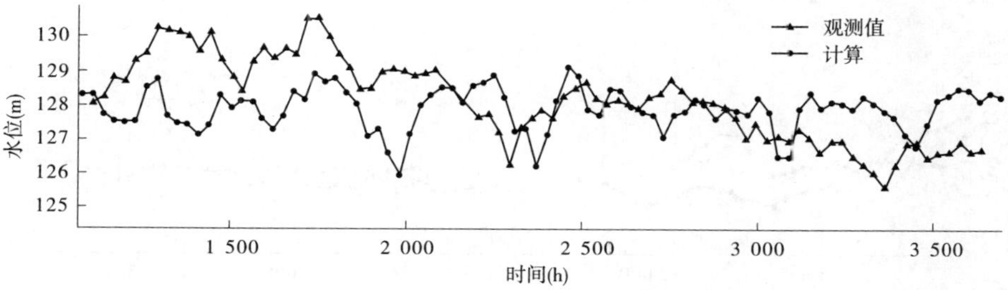

图 5-17　lg67 号观测孔模型动态数据的拟合及检验

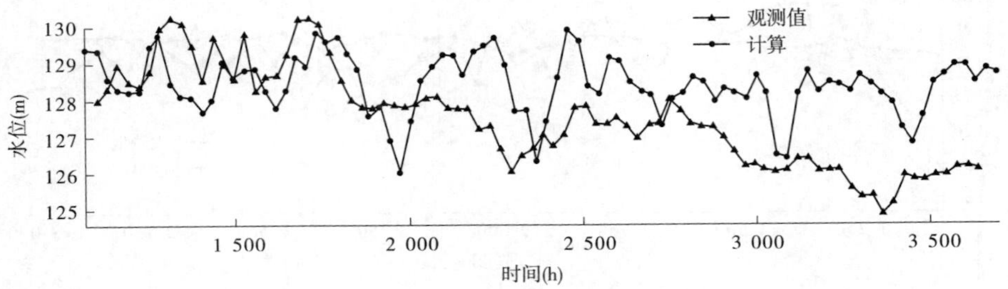

图 5-18　lg68 号观测孔模型动态数据的拟合及检验

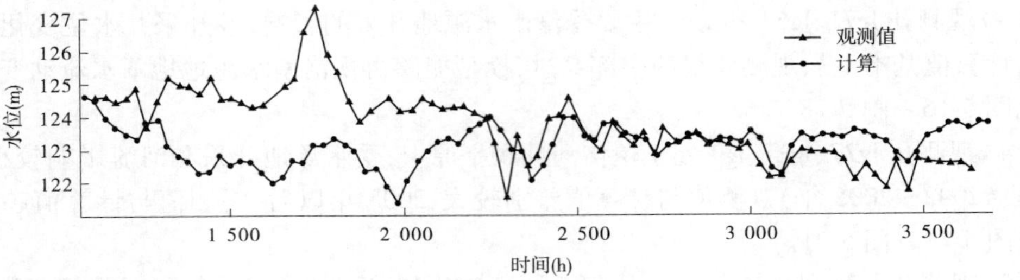

图 5-19　lg77 号观测孔模型动态数据的拟合及检验

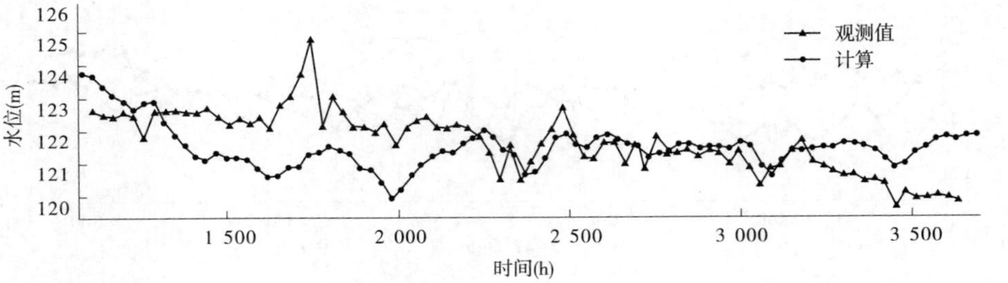

图 5-20　lg27 号观测孔模型动态数据的拟合及检验

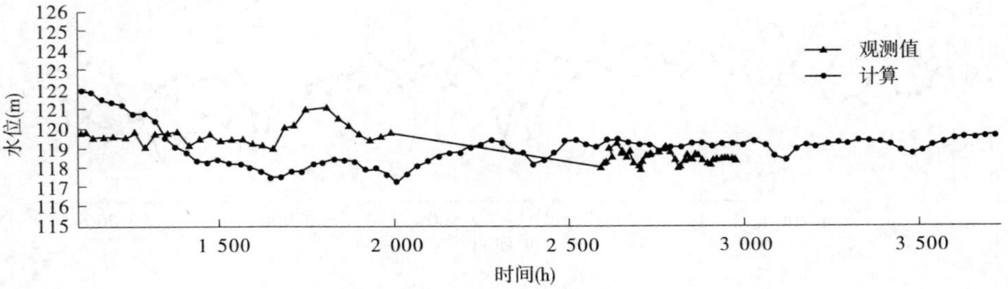

图 5-21　lg9 号观测孔模型动态数据的拟合及检验

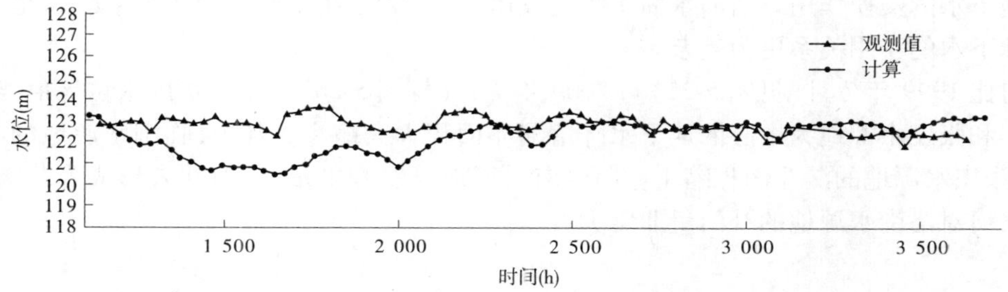

图 5-22　lg78 号观测孔模型动态数据的拟合及检验

（6）观测孔 lg11 受伊河水位影响较大，观测孔 lg103 处于洛河上游的冲洪积层上受洛河水位影响较大，拟合结果显示，这两个观测孔计算值与观测值符合得较好，两者的变化趋势较一致，见图 5-23、图 5-24。

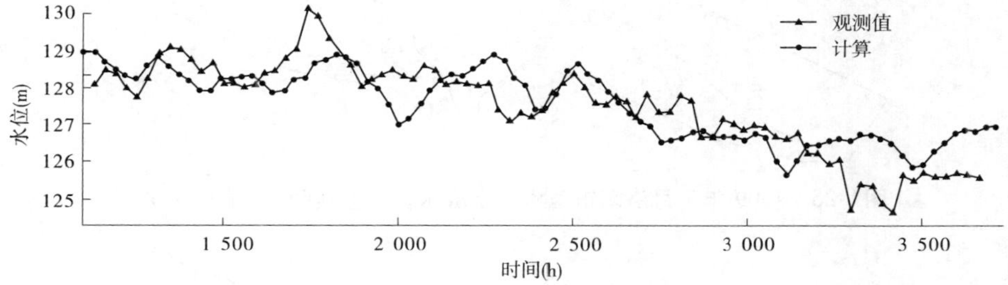

图 5-23　lg11 号观测孔模型动态数据的拟合及检验

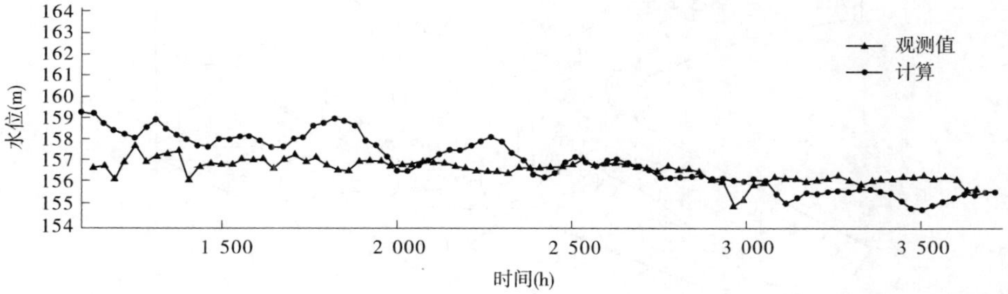

图 5-24　lg103 号观测孔模型动态数据的拟合及检验

3. 模拟结果分析

1）地下水流流场分析

地下水流流场分析是从整体上把握研究区地下水位变化趋势的有效方法，可以清楚地获取研究区内地下水的补给、径流、排泄关系，为地下水资源的开发利用提供参考依据。

洛阳市内主要的河流有涧河、洛河及伊河，这三条河与地下水均存在着较强的水量交换，特别是洛河。洛阳市许多重要的地下水水源地均在这三条河流附近，这大大增强了河流与地下水的交换作用。洛河水面工程建成运行后,使洛河对地下水的补给更大,也使河流和地下水的作用关系更为复杂。

对比1999年7月(见图5-25)与2009年7月(见图5-26)潜水含水层水位等值线图,以临涧和张庄水源地为中心的地下水降落漏斗面积大大缩小。其中,临涧水源地的漏斗消失,张庄水源地的漏斗面积缩小。而洛南水源地虽然开采量大,但并未形成降落漏斗,可见洛河对洛南水源地的补给量非常大。

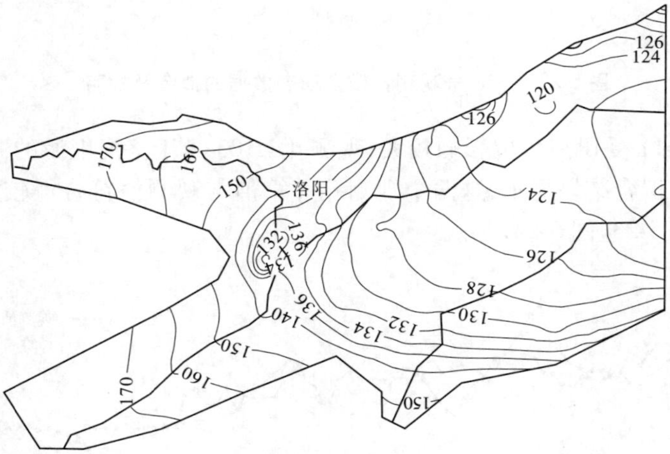

图5-25　1999年7月洛阳市潜水含水层水位等值线图　(单位:m)

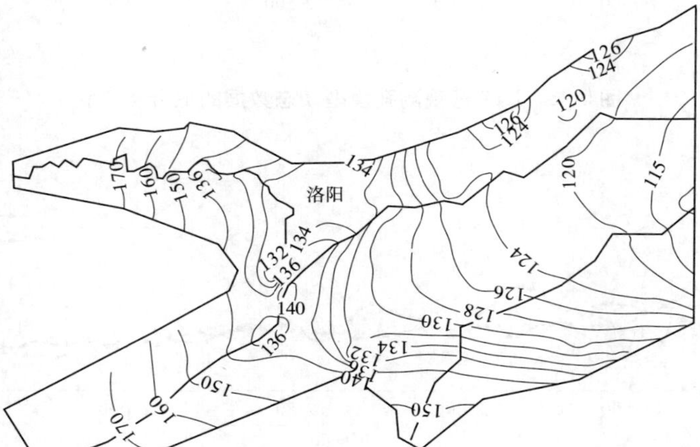

图5-26　2009年7月洛阳市潜水含水层水位等值线图　(单位:m)

从模拟预测结果看,以目前的开采量至2015年2月,洛阳市地下水位基本保持稳定,部分区域略有上升的趋势(见图5-27和图5-28)。

2)模拟小区水位变化分析

根据模型计算的结果,分析各个模拟小区的水位动态变化特点(每个模拟小区域的面积为0.28 km^2),能够更直观地了解研究区水位动态特征及变化趋势。

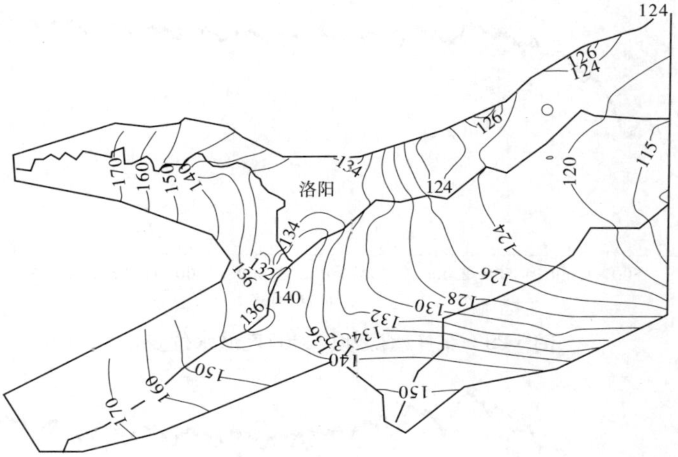

图 5-27　2012 年 7 月洛阳市潜水含水层水位等值线图　（单位:m）

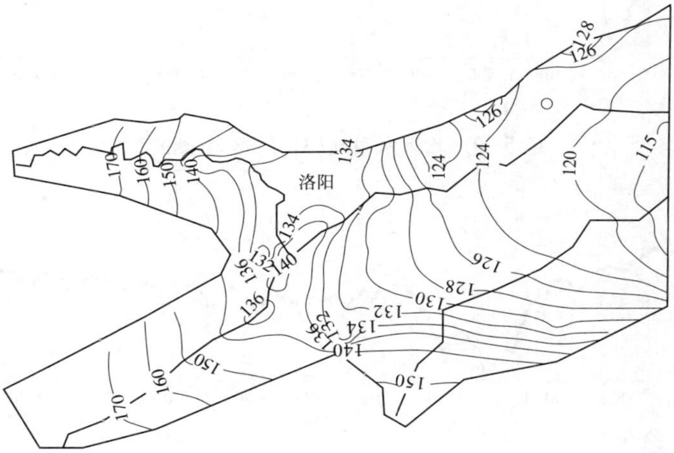

图 5-28　2014 年 7 月洛阳市潜水含水层水位等值线图　（单位:m）

图 5-29 是张庄水源地开采区内一模拟小区（编号 3390），从水位变化动态曲线看，洛河上阳宫及周山水面工程的蓄水运行使张庄水源地地下水位持续回升，升幅达到 6 m 左右，以目前的开采状态，该小区水位将稳定在 135 m 左右，并还略有上升的趋势。

图 5-30 是临涧水源地开采区内一模拟小区（编号 3151），从水位动态变化曲线看，2000 年 4 月洛河上阳宫水面工程的蓄水运行，使该小区地下水位止跌回升，升幅达 4 m 左右，以目前的开采状态，该小区水位稳定在 127.5 m 左右，并随季节明显波动。

图 5-31 是李楼水源地开采区内一模拟小区（编号 2331），从水位动态变化曲线看，华林园水面工程的蓄水运行，使该小区地下水位止跌回升，升幅达 3 m 左右，以目前的开采状态，该小区水位将稳定在 120～121 m 范围内，随季节明显波动，并略有上升的趋势。

图 5-32 是洛南水源地开采区内一具有代表性的模拟小区（编号 3159），从水位动态变化曲线看，2000 年 4 月洛河上阳宫水面工程的蓄水运行，使该小区地下水位止跌回升，

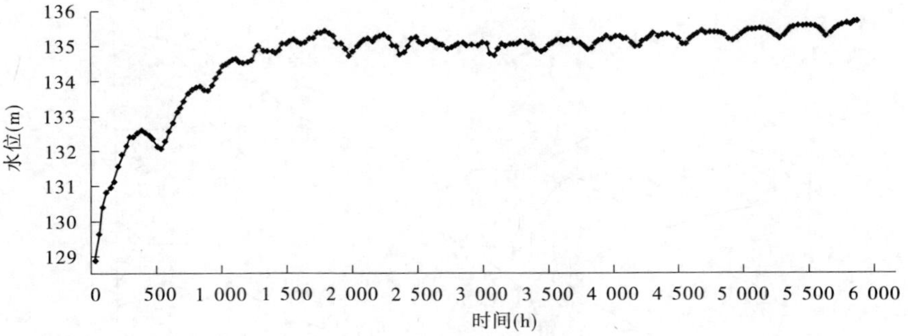

图 5-29　张庄水源地(3390)区域水位变化

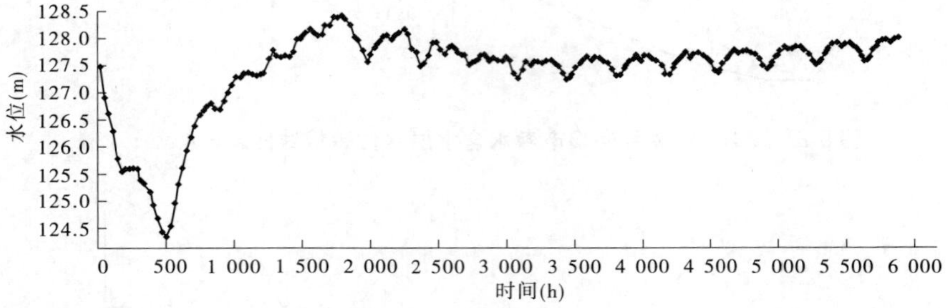

图 5-30　临涧水源地(3151)区域水位变化

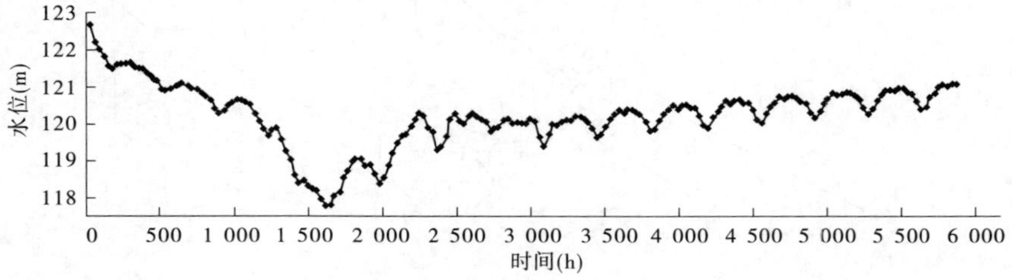

图 5-31　李楼水源地(2331)区域水位变化

升幅达 4 m 左右,以目前的开采状态,该小区水位将稳定在 127 ~ 129 m 范围内,并随季节波动非常明显。

图 5-33 是五里堡水源地开采区内一具有代表性的模拟小区(编号 1964),从水位动态变化曲线看,华林园水面工程的蓄水运行,使该小区地下水位止跌回升,升幅达到 5 m 左右,以目前的开采状态,该小区水位将稳定在 115 ~ 117 m 范围内,并略有上升的趋势。

图 5-34 是下池水源地开采区内一具有代表性的模拟小区(编号 2556),从水位动态变化曲线看,洛河 2001 年的同乐园水面工程和 2002 年的洛神浦水面工程的蓄水运行,使该小区地下水位止跌回升,升幅达到 4 m 左右,以目前的开采状态,该小区水位稳定在 129 ~ 130 m 范围内,并略有上升的趋势。

从这几个水源地的水位变化特征看,洛河水面工程的建设,大大增加了洛河水对地下水的补给,使傍河水源地地下水位明显增高,开采潜力增大。但地下水位的升高也可能导致土地盐渍化,地下设施的进水等灾害现象发生。同时,由于傍河水源地接受洛河水补给

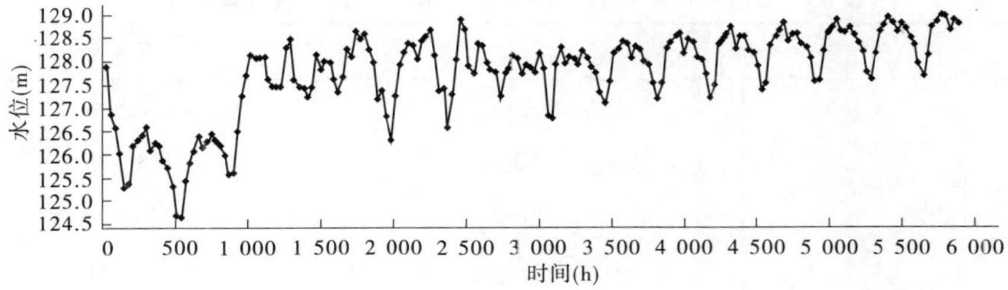

图 5-32　洛南水源地(3159)区域水位变化

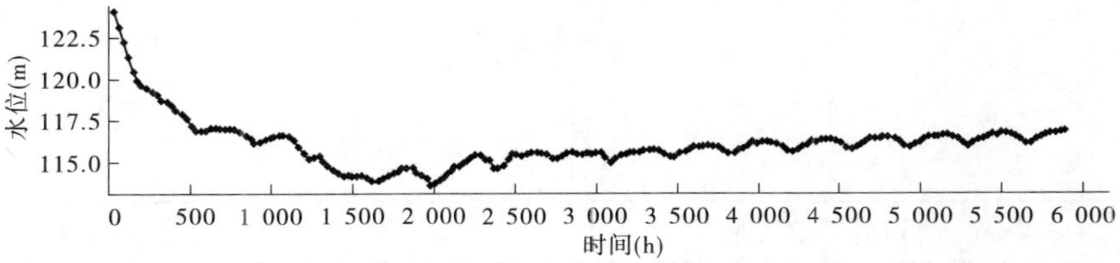

图 5-33　五里堡水源地(1964)区域水位变化

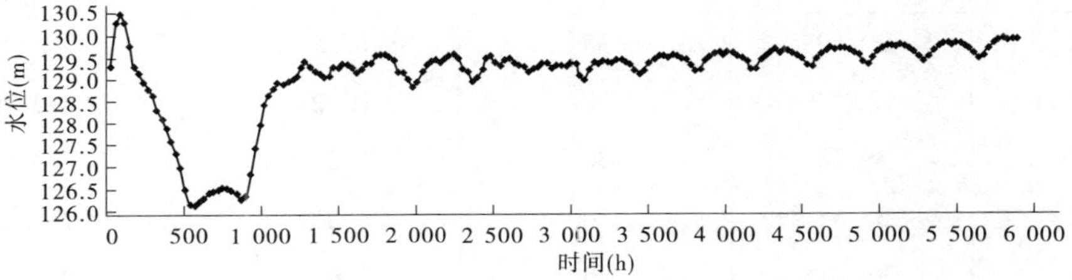

图 5-34　下池水源地(2556)区域水位变化

量大,洛河水质对水源地水质的影响也增大,地表水体较容易受污染,因此保证洛河水的水质将成为今后水源地保护的重点任务之一。

(六)浅层地下水可采资源量计算

通过校正后的模型计算潜水含水层多年平均(2001～2008年)可开采量见表5-21。

三、浅层地下水含水层的容积储存量

浅层地下水含水层的容积储存量可按下式计算:

$$Q_{储} = \mu HF$$

式中　$Q_{储}$——浅层地下水含水层的容积储存量,万 m^3/a;

μ——浅层含水层组的给水度,无量纲;

H——含水层平均厚度,m;

F——含水层分布面积,km^2。

浅层地下水含水层的容积储存量计算结果见表5-22。

表 5-21　洛阳市潜水含水层地下水可开采资源量计算结果　（单位：万 m^3/a）

项目		可开采资源量
补给项	降雨入渗量	2 590.7
	渠道及灌溉补给量	5 870.9
	河流补给量	21 826.4
	侧向补给量	6 221.3
	合计	36 509.3
排泄项	河流排泄量	5 751.7
	侧向排泄量	7 800.2
	蒸发量	2 273.6
	合计	15 825.5
可开采资源量		20 683.8

表 5-22　浅层地下水含水层的容积储存量计算结果

计算分区	面积（km^2）	含水层厚度（m）	平均给水度	容积储存量（万 m^3/a）
Ⅰ区	22.69	35	0.25	19 853.75
Ⅱ区	120.67	30	0.22	79 642.20
Ⅲ区	39.18	30	0.21	24 683.40
Ⅳ区	35.51	20	0.21	14 914.20
Ⅴ区	28.61	35	0.20	20 027.00
Ⅵ区	19.78	30	0.20	11 868.00
合计	266.44			170 988.55

第五节　浅层地下水的可开采资源量

在开采条件下，地下水的补给和排泄情况都将会发生变化。地下水的补给量主要为大气降水入渗量、洛河水面工程蓄水渗漏补给量。地下水的排泄量主要为地下水的可开采量（包括工业、农业及人畜生活用水量等人工开采量）、蒸发量、地下水侧向径流排泄量。开采条件下地下水位达到稳定时均衡方程为：

$$(Q_{降} + Q_{径补} + Q_{侧补}) - (Q_{可} + Q_{径排} + Q_{蒸}) = 0$$

式中　$Q_{可}$——浅层地下水的可开采量；

其余符号意义同前。

一、补给量计算

在开采条件下，大气降水入渗量、水面工程蓄水渗漏补给量、河流渗漏补给量等变化不大,可取现状条件下的原数值。

二、排泄量计算

在开采条件下,地下水的排泄量主要为地下水的可开采量、地下水的侧向径流排泄量、地下水蒸发排泄量。

(一)地下水的侧向径流排泄量

在开采条件下,随着地下水的开采量增大,地下水位逐步降低,地下水的侧向径流排泄量将减少;由于洛河水面工程的不断蓄水,地下水位回升幅度较快,导致地下水的侧向径流排泄量变化不大,可按现状条件下的径流排泄量计算。

(二)地下水蒸发排泄量

在开采条件下,地下水位下降,蒸发面积减小,地下水蒸发量也逐步减少。均衡区仅局部存在蒸发,面积较小。

三、地下水资源可开采量和可增开采量计算

将补给量及排泄量代入均衡方程,用均衡法计算出各区典型年浅层地下水可开采量及可增开采量,见表5-23。用数值模拟法计算出的浅层地下水可开采量及可增开采量计算见表5-23。

表5-23 均衡区浅层地下水可开采量及可增开采量计算

区号	面积(km^2)	补给量(万 m^3/a)					排泄量(万 m^3/a)			$Q_{可}$(万 m^3/a)	$Q_{已开}$(万 m^3/a)	$Q_{增}$(万 m^3/a)
		$Q_{降}$	$Q_{径补}$	$Q_{垂渗}$	$Q_{侧补}$	小计	$Q_{径排}$	$Q_{蒸}$	小计			
Ⅰ	22.69	464.94	3 513.25	—	7 386.58	11 364.77	10 628.99	113.97	10 742.96	706.54	160	546.54
Ⅱ	120.67	2 060.53	5 269.09	—	—	7 569.92	719.33	—	719.33	6 850.59	5 321.7	1 528.89
Ⅲ	39.18	535.22	2 540.73	—	—	3 151.9	625.03	—	625.03	2 526.87	2 856	-329.13
Ⅳ	35.51	485.09	1 836.56	5 195.58	—	7 537.88	1 456.34	—	1 456.34	6 081.54	4 649.57	1 431.97
Ⅴ	28.61	371.29	1 296.45	1 773.82	—	3 452.45	884.42	—	884.42	2 568.03	2 007.6	560.43
Ⅵ	19.78	256.70	1 828.03	—	—	2 110.76	1 162.98	—	1 162.98	947.78	580.3	367.48
合计	266.44	4 173.77	16 284.11	6 969.4	7 386.58	35 232.78	15 477.09	113.97	15 591.06	19 641.72	15 575.17	4 066.55

第六节 中深层地下水资源量计算

洛阳市中深层地下水的主要补给来源为侧向径流补给,排泄以侧向径流排泄为主。由于研究区内浅层地下水资源较丰富,中深层地下水开采利用程度较低。就收集到的资料来看,钻孔资料多分布在丘陵及丘陵前缘区,在伊洛河冲积平原资料较少,仅在洛阳市区及部分水源地有钻孔资料,且钻孔控制深度不一。由于缺乏边界水位资料以及新构造运动对含水层分布控制作用的深入认识,故本书仅对研究区内中深层地下水资源量进行简单概算。

一、水文地质参数的确定

研究区内中深层地下水分布广泛，由新近系河湖相地层组成，中深层地下水的水文地质研究程度较低。

区域资料显示，研究区内中深层地下水的岩性、岩相、含水层、富水性及补径排条件与所处地貌部位有关。根据《洛阳市区地下水资源评价研究报告》，中深层含水系统主要由中更新统冲洪积相含泥砂砾石和下更新统的河湖相地层组成，地下水渗透系数 k 值为 4.8 ~ 74.5 m/d，导水系数 T 值为 17 ~ 1 241.6 m^2/d，弹性给水度为 1.65×10^{-4} ~ 7.40×10^{-4}。综合确定中深层地下水水文地质参数，漫滩及一级阶地前缘渗透系数 k 为 28.65 m/d，导水系数 T 值为 2 573.43 m^2/d，弹性给水度为 7.96×10^{-4}。在一级阶地后缘及二级阶地 k 为 14.92 m/d，T 为 161.05 m^2/d，弹性给水度为 7.40×10^{-4}。各参数取值见表 5-24。

表 5-24 中深层地下水水文地质参数

孔号	计算方法	含水层时代	k(m/d)	T(m^2/d)	资料来源
107	恢复水位法	Q_2^{al-pl}		1 241.6	《洛阳市区地下水资源评价研究报告》
106	直线图解法		74.5	1 334	
88	直线图解法		13	234.1	
135	直线图解法		12	560.28	
32	直线图解法	Q_1^{al-l}	14.92	161.05	
107	恢复水位法、直线图解法			259.21	
14	直线图解法		13	234.13	
102	直线图解法		48	107.4	

二、弹性储存量计算

据前所述，根据地形地貌及水文地质条件，将研究区划分为两个计算区，见图 5-35。其中，Ⅰ区地貌为伊洛河河间地块、漫滩区及一级阶地前缘，面积为 141.83 km^2；Ⅱ区地貌为伊洛河二级阶地区及部分一级阶地前缘区，面积为 124.61 km^2。

中深层地下水的弹性储存量可按下式计算：

$$Q_{弹} = \mu_e \Delta h F$$

式中 $Q_{弹}$——含水层弹性储存量，万 m^3；

μ_e——含水层弹性释水系数，无量纲；

Δh——中深层地下水水头降低值，承压水头至含水层顶板的距离，m；

F——计算区面积，km^2。

伊洛河冲积平原区中深层地下水位埋深多在 9 ~ 15 m，含水层顶板埋深为 108 ~ 154 m，当水头降至含水层顶板时，水头降低值Ⅰ区为 99 m，Ⅱ区为 93 m，将以上数据代入上式进行计算，计算结果见表 5-25。

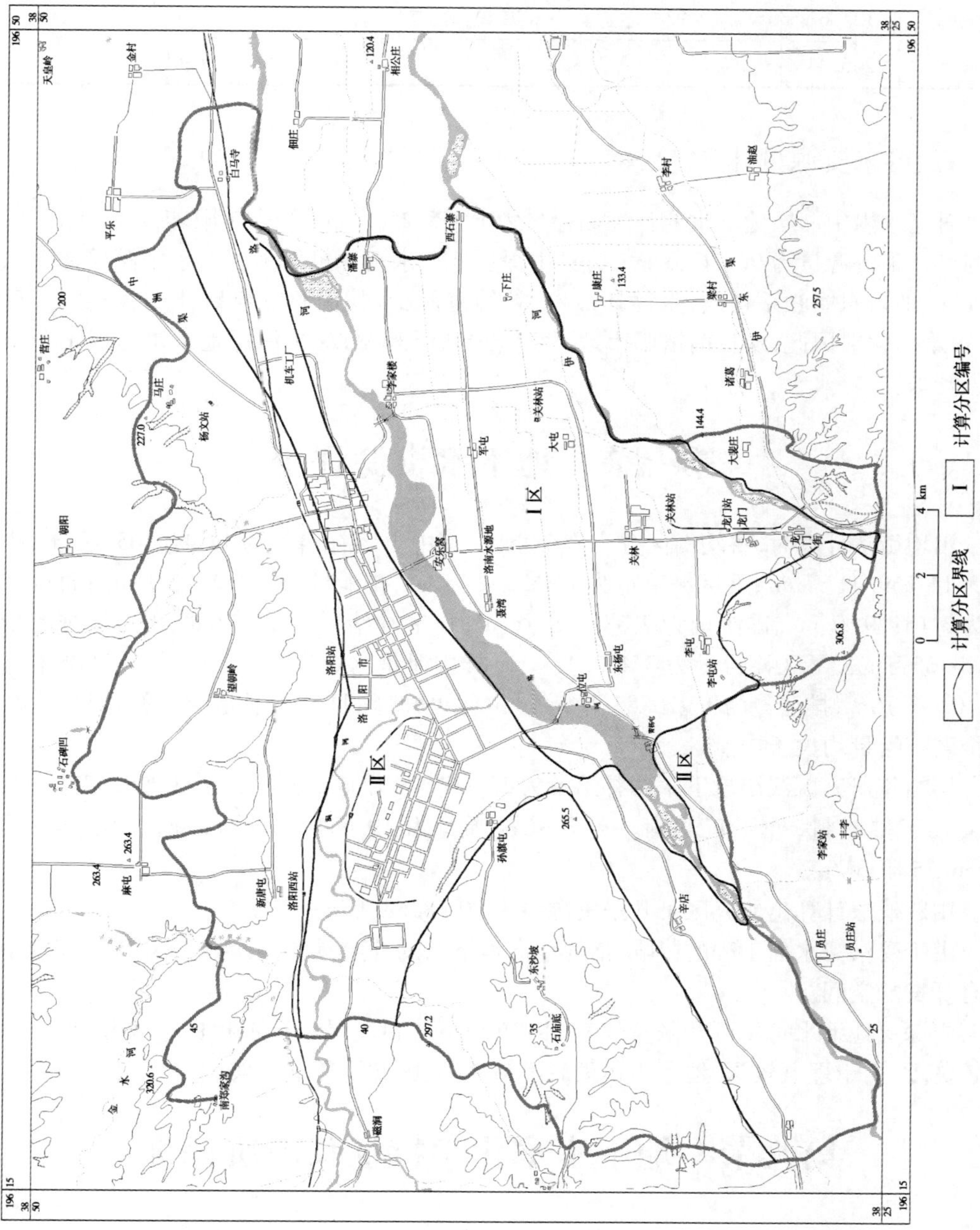

图 5-35　中深层地下水计算分区

表 5-25　中深层地下水的弹性储存量计算结果

区号	面积(km^2)	水头降低值(m)	弹性释水系数	弹性储存量(万 m^3)
Ⅰ	141.83	99	7.96×10^{-4}	1 117.68
Ⅱ	124.61	93	7.40×10^{-4}	857.57
合计	266.44			1 975.25

三、可采资源量计算

研究区内中深层地下水的弹性储存量为 1 975.25 万 m^3，开采年限若按 20 年计算，每年的可开采资源量为 98.76 万 m^3，可见中深层地下水资源量很小。由于中深层地下水与大气圈、地表水圈联系较差，水循环缓慢，补给来源少，其资源不容易补充、恢复，一旦污染，很难净化。因此，从目前洛阳市地下水资源状况来说，对中深层地下水建议不开采或慎重开采。

第七节　地下水资源评价

用均衡法计算时，将均衡区分为六个小区，其中Ⅰ区补给量为 11 449.05 万 m^3，排泄量为 11 269.41 万 m^3；Ⅱ区补给量为 7 569.92 万 m^3，排泄量为 7 242.53 万 m^3；Ⅲ区补给量为 3 151.9 万 m^3，排泄量为 3 685.33 万 m^3；Ⅳ区补给量为 7 537.88 万 m^3，排泄量为 6 220.65万 m^3；Ⅴ区补给量为 3 452.45 万 m^3，排泄量为 2 964.62 万 m^3；Ⅵ区补给量为 2 110.76万 m^3，排泄量为 1 916.83 万 m^3。由此可知，除Ⅲ区排泄量大于补给量外，其余五个区补给量均大于排泄量。

均衡年研究区浅层地下水总补给量为 35 232.78 万 m^3，排泄量为 33 299.37 万 m^3，补给量大于排泄量，处于正均衡。可开采资源量为 19 641.72 万 m^3/a，可增开采量为 4 066.55万 m^3/a。

用数值法计算出研究区可开采资源量为 20 683.8 万 m^3。

由于受洛河水面工程的影响，洛河水向地下水的补给量增大，因此洛阳市浅层地下水还有开发的空间。

中深层地下水每年可开采量仅有 98.76 万 m^3，和浅层地下水相比，中深层地下水资源较贫乏，由于埋藏较深，地下水污染后不易治理，因此不适宜开采。

第八节　地下水水化学特征及水质评价

一、浅层地下水化学特征

据洛阳市 1969 年地下水化学分析资料（相当于天然条件下），研究区浅层地下水水化学成分具有明显的分带性规律，从边缘向中心由 HCO_3—Ca · Na→HCO_3—Na · Ca→

HCO_3—$Ca \cdot Mg \rightarrow HCO_3 \cdot SO_4$—$Ca \cdot Na$ 型水。重碳酸钙钠水呈条带状分布于南北两侧的丘陵及黄土塬区，向研究区中心，地下水位埋深变小，蒸发作用增强，盐分浓缩聚集，形成了矿化度稍高的重碳酸硫酸钙钠水，见图 5-36。

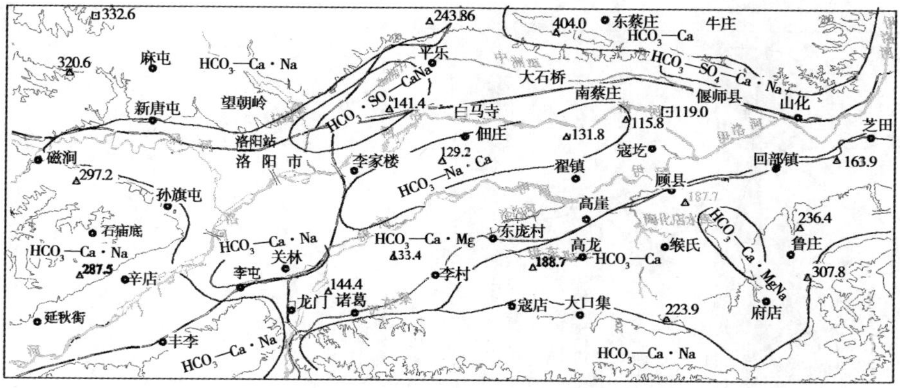

图 5-36　1969 年水化学类型分布图（据王现国）

由于几十年开采地下水，导致地下水流场发生改变，致使地下水化学场发生重分布，使地下水的水化学成分复杂化。据 2003 年地下水化学分析资料，研究区出现了 HCO_3—Ca、HCO_3—$Ca \cdot Mg$、HCO_3—$Ca \cdot Na$、HCO_3—$Mg \cdot Na$、$HCO_3 \cdot SO_4$—Ca、$HCO_3 \cdot SO_4$—$Ca \cdot Mg$、$HCO_3 \cdot SO_4$—$Ca \cdot Na$、$HCO_3 \cdot Cl$—Ca、$HCO_3 \cdot Cl$—$Ca \cdot Mg$ 等多种类型的水。如洛阳市西工区、涧西区的水化学类型 1969 年为 HCO_3—$Ca \cdot Mg$ 型水，到 2003 年出现了大面积的 $HCO_3 \cdot SO_4$—$Ca \cdot Mg$ 型水，在洛南发现了 $HCO_3 \cdot Cl$—$Ca \cdot Mg$ 型水，见图 5-37。

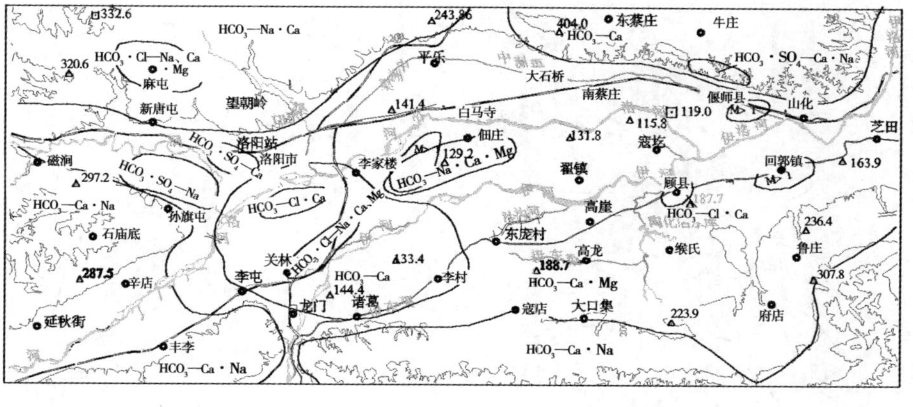

图 5-37　2003 年水化学类型分布图（据王现国）

根据本次野外调查、室内资料及收集资料分析结果（2008 年和 2009 年资料），研究区地下水水化学类型又有了新变化，主要有 HCO_3—Ca、HCO_3—$Ca \cdot Mg$、HCO_3—$Na \cdot Ca \cdot Mg$、$HCO_3 \cdot Cl$—$Ca \cdot Mg$、$HCO_3 \cdot SO_4$—Ca、$HCO_3 \cdot SO_4$—$Na \cdot Ca \cdot Mg$、$HCO_3 \cdot SO_4$—$Na \cdot Ca$、HCO_3—$Na \cdot Mg$、$HCO_3 \cdot Cl$—$Ca \cdot Mg$，见图 5-38。

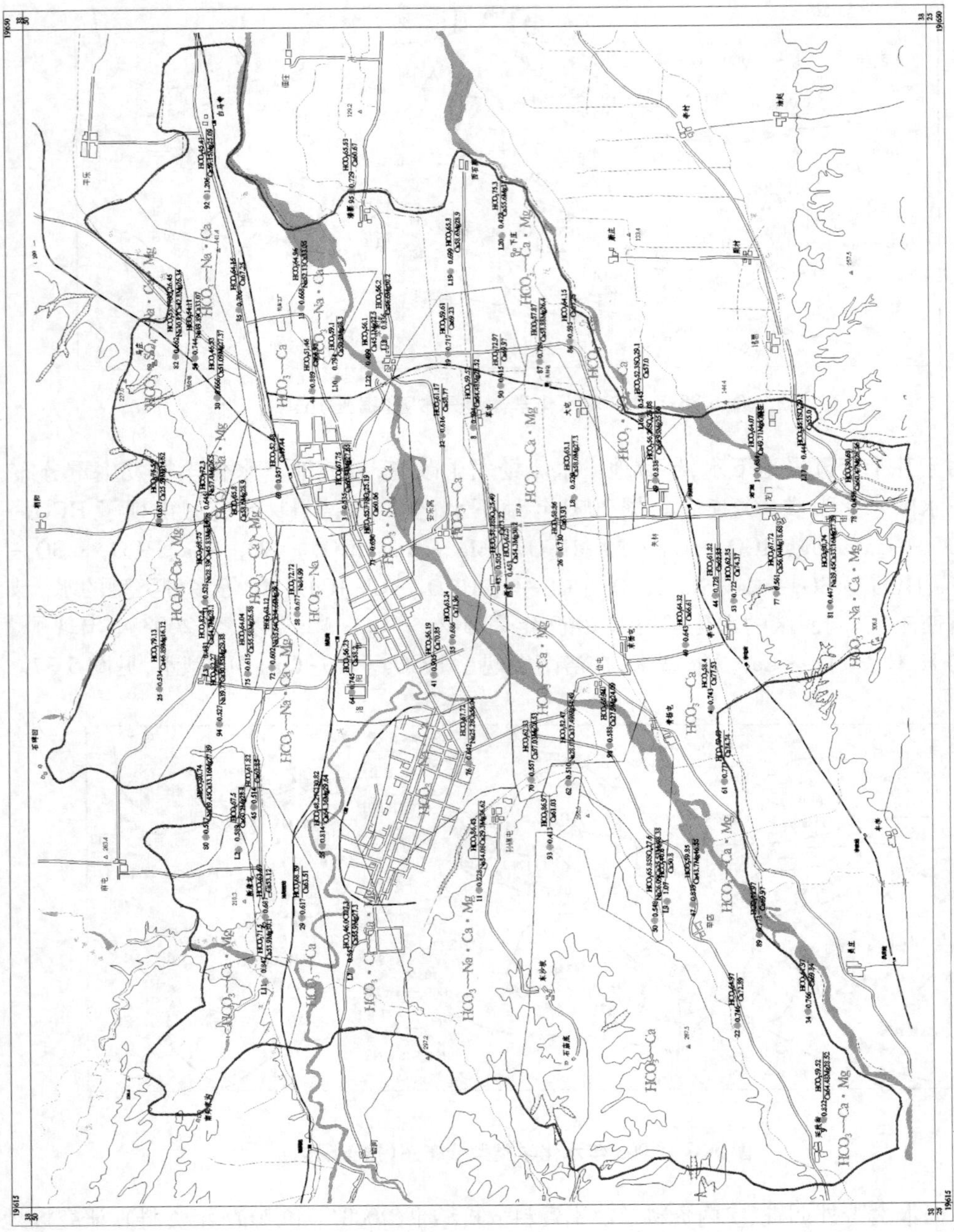

图 5-38　浅层地下水水化学类型图(2008 年资料统计)

由图 5-37 和图 5-38 可知，洛河水面工程的运行并没有改变洛阳市浅层地下水水质，而且在东郊水源地和辛店北均出现了矿化度大于 1 g/L 的现象。

究其原因，主要是强烈的地下水开采导致包气带厚度增加，改变了含水介质的氧化还原条件，促使某些介质发生氧化，当大气降水垂直入渗补给地下水时，氧化产物由于淋滤作用带入地下水中，从而使地下水中某些组分（如硫酸根、镁离子、钙离子）增加，不同程度地影响了地下水水质。除过度开发地下水导致地下水水质发生变化外，人为活动产生的污染源也导致地下水水质恶化。据 1969 年水化学资料，洛阳市浅层地下水水质均符合现行生活饮用水卫生标准，而 2003 年水化学资料，出现了大量的 NH_4^+、NO_3^-、NO_2^-、SO_4^{2-}、细菌学指标等超标点。近两年（2008 年和 2009 年）的水质分析资料结果显示，地下水水质并未好转，而且局部还有恶化趋势，见图 5-39 ~ 图 5-41。

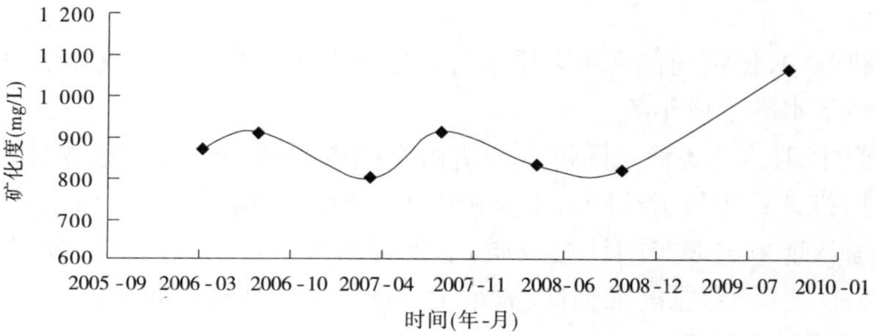

图 5-39　辛店北地下水矿化度变化曲线

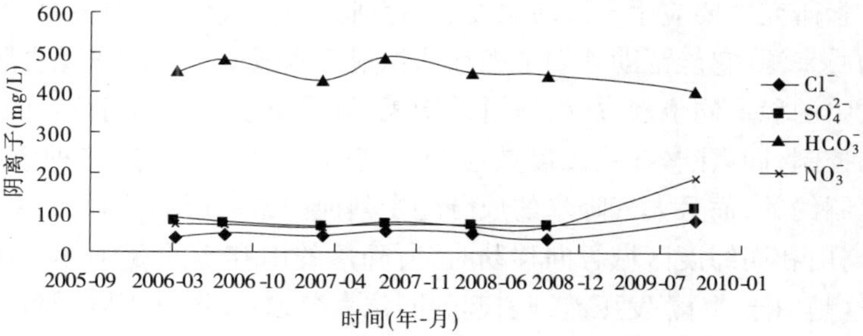

图 5-40　辛店北地下水阴离子变化曲线

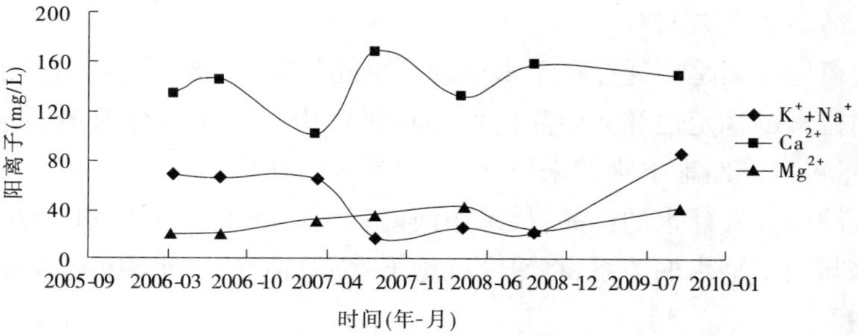

图 5-41　辛店北地下水阳离子变化曲线

由图 5-39 ~ 图 5-41 可知，辛店北地下水矿化度达 1 070 mg/L，严重超标，Cl^-、SO_4^{2-}、NO_3^- 含量逐步增大，随着矿化度的增大，地下水中 Ca^{2+} 含量明显增大。

二、浅层地下水的同位素特征

利用稳定同位素（D（氘）、^{18}O）的丰度变化，放射性同位素（T（氚）、^{13}C、^{14}C）的衰变规律，来研究地壳发展和地质体形成的历史，以及在不同地质作用下地球物质迁移过程的一门学科称为同位素地质学。

我国的同位素地质学研究开始于 20 世纪 50 年代，经过 40 多年的发展，已经形成了一定的规模，达到了相当高的水平。在地球科学的基础研究，国土资源的调查，矿产资源、能源的开发以及地质环境、地热地球化学和地质灾害的监控等方面，发挥了重大作用，受到了广泛关注。

在地球化学中，稳定同位素可以用来有效地判别地下水的来源或补给源，放射性同位素用以确定地下水的生成年龄。

本书研究中，D、^{18}O 等稳定同位素分析由中国科学院地质与地球物理研究所国家重点实验室承担；T、^{14}C 等放射性同位素分析由中国地震局地质所实验室承担，这两所实验室均具有国家认证单位颁布的计量资质，承担着国家重点工程的试验项目，分析结果可靠，有效地保证了检测数据的准确性，满足了设计要求。现分述如下。

（一）稳定同位素特征

1. 稳定同位素原理

稳定同位素研究主要应用于地质温度、示踪研究与年代效应，最主要的是应用稳定同位素来示踪物质来源，它能帮助人们了解和认识地下水或矿物质的来龙去脉。

大气降水中的稳定同位素，严格地讲是指氢、氧同位素，氢、氧同位素的组成变化受瑞利蒸馏过程的控制，即大陆效应、高度效应和纬度（温度）效应。这三种效应实际上是相互影响和相互制约的，而且大气降水的成分还受其他因素的影响，因此当海洋上空潮湿空气团向内陆、高山和高纬度区域方向移动时，所降落的雨和雪的 $\delta^{18}O$ 和 δD 值，将逐渐变得愈来愈负，这是由于：①蒸发压差别引起的同位素分馏；②温度下降导致分馏系数增大；③雨水和淡水的再蒸发更富集 ^{18}O 和 H 等原因造成的。在分析一个地下水来源方向或补给源时，首先应在分析区域沉积环境的基础上讨论地下水与大气降水之间的关系。

2. 地下水的补给来源判断

稳定性氢氧同位素是广泛存在于水中的环境同位素，已被广泛应用于水循环的研究。利用氢和氧同位素的稳定性和向内陆地区运移过程中的变化规律及地下水中氘（D）、氧 18（^{18}O）的含量可以判断地下水的来源，确定地下水的补给区。

因研究区缺少大气降水的样品，故采用河南省大气降水线方程：$\delta D = 7.9\delta^{18}O + 9.48$。为分析地下水与大气降水的关系，将研究区地下水 δD、$\delta^{18}O$ 的实测值绘制成 $\delta D \sim \delta^{18}O$ 关系图，见图 5-42。

由图 5-42 可以看出，与地热水、地表水相比，研究区浅层地下水稳定性同位素成果值较接近于降水线，表明研究区浅层地下水的补给来源主要是大气降水。

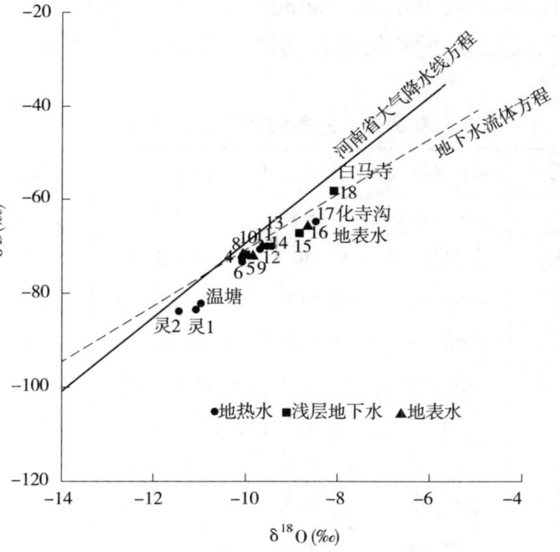

图 5-42 大气降水与地下水 δD ~ $\delta^{18}O$ 关系线

(二)放射性同位素特征

放射性同位素具有以下三个特性:

(1)能放出各种不同的射线。有的放出 α 射线,有的放出 β 射线,有的放出 γ 射线或者同时放出其中的两种射线,还有中子射线。其中,α 射线是一束 α 粒子流,带正电荷,β 射线就是电子流,带负电荷。

(2)放出的射线由不同原子核本身决定。例如,钴 -60 原子核每次发生衰变时,都要放射出三个粒子:一个 β 粒子和两个光子,钴 -60 最终变成了稳定的镍 -60。

(3)具有一定的寿命。人们将开始存在的放射性同位素的原子核数目减少到一半时所需的时间,称为半衰期。例如,钴 -60 的半衰期大约是 5 年。

使用放射性同位素的主要优点是可以通过测定它们发射的粒子鉴定其特有的半衰期和辐射性质,探测它们的存在。放射性同位素在能源、工业、农业、医疗、环境、考古等诸多方面都有着广泛的应用。

地下水最后一次与大气分离至今经历的时间称做它的年龄。放射性同位素的衰变不受温度、压力和化学成分等外界因素的影响,每种放射性元素的半衰期是一个常数,应用这种特征规律,可以测定计算地下水的年龄即水在含水层中的储留时间。近年来,由于放射性同位素检测技术的提高,实现了少量至微量样品的检测,使得更多的放射性同位素得以应用。

分地区采集了具有代表性的地表水和不同层位的地下水样,作同位素 T、^{14}C 含量测定。根据取样分析结果,不同类别的水中同位素 T 含量及 ^{14}C 测试结果见表 5-26。

由表 5-26 可知,随着地下水位埋深的减小,水中同位素 T 含量在增大,这说明 T 这种放射性同位素的衰变较弱,因为放射性同位素的衰变和时间是成正比的,时间越长,衰变越彻底,T 含量越小。

同时表 5-26 显示，随着地下水位埋深的减小，^{14}C 测试年龄在减小。这说明水在含水层中的储留时间较短，浅层地下水距现在的时间较近，这也从侧面说明了浅层地下水接受了大气降水的补给。

表 5-26　放射性同位素测试结果

编号	类别	δD(‰)	$\delta^{18}O$(‰)	T(TU)	距今年代(aBP)	PMC(%)
1	地热水(温水)	-83.70	-11.056	0 ±3.37	33 860 ±720	1.48 ±0.13
2	地热水(温热水)	-84.16	-11.443	1.58 ±3.39	31 910 ±500	1.88 ±0.12
3	浅层地下水	-64.72	-8.512	25.17 ±3.65	3 420 ±60	65.30 ±0.49
4	地表水	-66.79	-8.815	29.01 ±3.70	1 090 ±55	87.32 ±0.60
5	地热水(带状)	-82.84	-10.953	6.97 ±3.45	12 820 ±110	20.26 ±0.28
7	地表水	-70.23	-9.613	16.56 ±3.56	8 670 ±90	33.97 ±0.38
8	地表水	-71.06	-9.816	24.38 ±3.65	3 500 ±65	64.69 ±0.52
9	地表水	-73.43	-10.075	11.43 ±3.50	790 ±80	90.66 ±0.89
10	地表水	-70.61	-9.750	26.50 ±3.67	820 ±55	90.31 ±0.63
14	地表水	-70.09	-9.537	14.77 ±3.54	4 185 ±85	59.40 ±0.63
15	地表水	-70.58	-9.719	6.01 ±3.86	7 080 ±80	41.44 ±0.41
16	地表水	-57.81	-8.048	27.87 ±3.69	1 070 ±50	87.47 ±0.59
17	地热水(温水)	-71.37	-10.060	7.23 ±3.87	12 680 ±110	20.63 ±0.28
18	浅层地下水	-66.33	-8.739	20.59 ±4.01	5 740 ±70	48.93 ±0.43

三、浅层地下水水质评价

(一)饮用水水质评价

采用《生活饮用水标准》(GB 5749—85)进行评价。研究区浅层地下水已受到污染，部分样品生活饮用水分析结果见表 5-27。

表 5-27　生活饮用水超标因子统计

项目	标准	编号					
		47 辛店	92 油王	88 平乐	L9 桑园	L15 李屯	L18 李楼
色度(度)	≤15						
浑浊度(度)	≤3		3.9				
总硬度(mg/L)	450	510.5	625.6	510.5	551	478	493.5
铁(mg/L)	0.3	0.326	0.819				
锰(mg/L)	0.1						
NO_3^-(mg/L)	20	65.92	32.91	170.47	187.98	84.3	143.1
总固体(mg/L)	1 000						
挥发酚类(mg/L)	0.002						

表 5-27 中所列举的只是抽样采取的部分地段的水质资料，这些地段地下水中的总硬

度全部超标，NO_3^- 含量严重超标，而 NO_3^- 的含量是检测水质是否受到污染的标志。由此可知，研究区局部地下水已受到不同程度的污染。

（二）工业用水水质评价

仅按锅炉用水的四个主要指标进行评价，见表5-28，其计算结果见表5-29，区内浅层地下水锅垢总量为130.22～608.53 mg/L，属锅垢总量较小、较多的水；硬垢系数为0.006～0.599，属中、软沉淀物水（除L7属硬沉淀物水外）；腐蚀系数 $K_k<0$，$K_k+0.05Ca^{2+}$ 为 $-4.342\sim-1.551$，属非腐蚀性水或半腐蚀性水，起泡系数 $F=35.027\sim322.656$，L4、L9和L12属于起泡的水，其他均属于半起泡或不起泡的水。作为锅炉用水除局部较差外，大部分都较好。

表5-28　锅炉用水水质标准

成垢作用				起泡作用		腐蚀作用	
锅垢总量（mg/L）	水质类型	硬垢系数	水质类型	起泡系数	水质类型	腐蚀系数	水质类型
<125	锅垢很少的水	<0.25	软沉淀物水	<60	不起泡的水	>0	腐蚀性水
125～250	锅垢较少的水	0.25～0.5	中等沉淀物水	60～200	半起泡的水	<0 $K_k+0.053rCa^{2+}>0^+$	半腐蚀性水
250～500	锅垢较多的水	>0.5	硬沉淀物水	>200	起泡的水	<0 $K_k+0.053rCa^{2+}<0^+$	非腐蚀性水
>500	锅垢很多的水						
$H_0=S+C+36rFe^{2+}+17rAl^{3+}+20rMg^{2+}+59rCa^{2+}$ H_0——锅垢总量(mg/L) S——悬浮物含量(mg/L) C——胶体含量(mg/L)		$K_n=H_n/H_0$ $H_n=SiO_2+20rMg^{2+}+68(rCl^-+rSO_4^{2-}-rNa^+-rK^+)$		$F=62rNa^++78rK^+$		酸性水 $K_k=1.008(rH^++rAl^{3+}-rFe^{2+}+rMg^{2+}-rCO_3^{2-}-rHCO_3^-)$ 碱性水 $K_k=1.008(rMg^{2+}-rHCO_3^-)$	
rFe^{2+}、rMg^{2+}……分别为 Fe^{2+}、Mg^{2+}……离子含量（毫克当量/升）							

表5-29　锅炉用水评价结果

孔号	锅垢总量 H_0（mg/L）	硬垢总量 H_n（mg/L）	硬垢系数 K_n	腐蚀系数 K_k	起泡系数 F	水质评价
Y1	581.15	4.97	0.009	-2.131	84.98	锅垢很多的水、软沉淀物的水、非腐蚀性水、半起泡的水
Y2	272.01	36.64	0.135	-3.234	82.80	锅垢较多的水、软沉淀物的水、非腐蚀性水、半起泡的水
Y3	464.24	181.56	0.391	-3.476	69.31	锅垢较多的水、中沉淀物的水、非腐蚀性水、半起泡的水

续表 5-29

孔号	锅垢总量 H_0 (mg/L)	硬垢总量 H_n (mg/L)	硬垢系数 K_n	腐蚀系数 K_k	起泡系数 F	水质评价
Y4	608.53	251.33	0.413	-4.342	84.98	锅垢很多的水、中沉淀物的水、非腐蚀性水、半起泡的水
Y5	437.31	186.60	0.427	-2.812	75.75	锅垢较多的水、中沉淀物的水、非腐蚀性水、不起泡的水
Y31	164.57	2.845	0.017	-2.173	35.03	锅垢较少的水、软沉淀物的水、非腐蚀性水、不起泡的水
Y34	161.03	4.524	0.028	-1.945	35.69	锅垢较少的水、软沉淀物的水、非腐蚀性水、不起泡的水
L1	477.26	148.08	0.310	-3.266	139.56	锅垢较多的水、中沉淀物的水、非腐蚀性水、半起泡的水
L2	358.84	94.63	0.264	-2.635	59.41	锅垢较多的水、中沉淀物的水、非腐蚀性水、不起泡的水
L3	251.87	7.380	0.029	-3.198	71.41	锅垢较多的水、软沉淀物的水、非腐蚀性水、半起泡的水
L4	130.22	-164.27	-1.26	-3.576	322.66	锅垢较少的水、软沉淀物的水、非腐蚀性水、起泡的水
L7	510.40	306.08	0.600	-1.768	139.60	锅垢很多的水、硬沉淀物的水、非腐蚀性水、半起泡的水
L8	300.41	98.24	0.327	-2.179	72.97	锅垢较多的水、中沉淀物的水、非腐蚀性水、半起泡的水
L9	543.33	126.69	0.233	-2.737	240.87	锅垢很多的水、软沉淀物的水、非腐蚀性水、起泡的水
L10	411.82	107.51	0.261	-2.758	161.33	锅垢较多的水、中沉淀物的水、非腐蚀性水、半起泡的水
L11	355.67	76.52	0.228	-3.016	88.45	锅垢较多的水、软沉淀物的水、非腐蚀性水、半起泡的水
L12	446.87	80.72	0.181	-4.073	74.50	锅垢较多的水、软沉淀物的水、非腐蚀性水、起泡的水
L13	250.73	106.60	0.425	-1.757	67.90	锅垢较多的水、中沉淀物的水、非腐蚀性水、半起泡的水
L15	487.46	104.45	0.214	-4.147	92.642	锅垢较多的水、软沉淀物的水、非腐蚀性水、半起泡的水
L16	311.34	149.13	0.479	-1.840	99.77	锅垢较少的水、中沉淀物的水、非腐蚀性水、半起泡的水

续表 5-29

孔号	锅垢总量 H_0 (mg/L)	硬垢总量 H_n (mg/L)	硬垢系数 K_n	腐蚀系数 K_k	起泡系数 F	水质评价
L17	248.90	98.52	0.396	-1.551	90.04	锅垢较少的水、中沉淀物的水、非腐蚀性水、半起泡的水
L18	476.29	130.27	0.274	-2.339	108.25	锅垢较多的水、中沉淀物的水、非腐蚀性水、半起泡的水
L19	408.15	143.96	0.353	-3.063	83.02	锅垢较多的水、中沉淀物的水、非腐蚀性水、半起泡的水
L20	238.93	69.109	0.289	-2.169	51.48	锅垢较少的水、中沉淀物的水、非腐蚀性水、不起泡的水
L21	320.68	101.35	0.316	-2.242	45.73	锅垢较多的水、中沉淀物的水、非腐蚀性水、不起泡的水
L22	239.09	73.51	0.307	-1.691	136.62	锅垢较少的水、中沉淀物的水、非腐蚀性水、半起泡的水

孔号	锅垢总量 H_0 (mg/L)	硬垢总量 H_n (mg/L)	硬垢系数 K_n	腐蚀系数		起泡系数 F	水质评价
				K_k	$K_k+0.05rCa^{2+}$		
遇驾沟	209.1	0	0	-3.83	-3.68	107.76	锅垢较少的水、软沉淀物水、非腐性水、半起泡的水
太后庄	457.2	149.16	0.33	-4.74	-4.38	37.39	锅垢较多的水、中等沉淀物水、非腐蚀性水、不起泡的水
康庄村	358.5	165.58	0.46	-3.02	-2.73	46.13	锅垢较多的水、中等沉淀物水、非腐蚀性水、不起泡的水
庞屯	462.6	163.43	0.35	-4.64	-4.25	74.46	锅垢较多的水、中等沉淀物水、非腐蚀性水、半起泡的水
土桥沟村	193.5	0	0	-3.23	-3.09	115.88	锅垢较少的水、软沉淀物水、非腐蚀性水、半起泡的水
上河村	544	441.1	0.81	-1.61	-1.19	134.23	锅垢很多的水、硬沉淀物水、非腐蚀性水、半起泡的水
平乐镇	240.8	22.69	0.09	-3.12	-2.96	163.18	锅垢较少的水、软沉淀物水、非腐蚀性水、半起泡的水
西岗	315.2	119.79	0.38	-3.13	-2.87	104.84	锅垢较多的水、中等沉淀物水、非腐蚀性水、半起泡的水
古墓博物馆	193.2	0	0	-4.13	-3.98	171.8	锅垢较少的水、软沉淀物水、非腐蚀性水、半起泡的水
潘寨村	327	90.89	0.28	-3.83	-3.57	101.74	锅垢较多的水、中等沉淀物水、非腐蚀性水、半起泡的水

（三）农田灌溉用水水质评价

采用《农田灌溉水质标准》（GB 5084—92）及灌溉系数 Ka 进行评价，见表5-30。评价结果见表5-31。由此可知，浅层地下水基本符合农田灌溉用水水质标准，为适用于农田灌溉的水。

表 5-30　农田灌溉用水水质标准　（单位：mg/L）

<table>
<tr><th>序号</th><th>项目</th><th>水作</th><th>旱作</th><th>蔬菜</th><th colspan="2">灌溉系数 Ka</th></tr>
<tr><td>1</td><td>化学需氧量≤</td><td>200</td><td>300</td><td>150</td><td colspan="2">6～18（适用的水）</td></tr>
<tr><td>2</td><td>凯氏氮≤</td><td>12</td><td>30</td><td>30</td><td colspan="2">1.2～5.9（不太适用的水）</td></tr>
<tr><td>3</td><td>水温≤</td><td>35</td><td>35</td><td>35</td><td colspan="2"><1.2（不能用的水）</td></tr>
<tr><td>4</td><td>pH 值≤</td><td>5.5～8.5</td><td>5.5～8.5</td><td>5.5～8.5</td><td colspan="2"></td></tr>
<tr><td>5</td><td>全盐量</td><td>1 000（非盐碱区）
2 000（盐碱区）</td><td>1 000（非盐碱区）
2 000（盐碱区）</td><td>1 000（非盐碱区）
2 000（盐碱区）</td><td rowspan="2">灌溉系数计算法</td><td rowspan="2"></td></tr>
<tr><td>6</td><td>氯化物≤</td><td>250</td><td>250</td><td>250</td></tr>
<tr><td>7</td><td>氟化物≤</td><td>2.0（高氟区）
3.0（一般区）</td><td>2.0（高氟区）
3.0（一般区）</td><td>2.0（高氟区）
3.0（一般区）</td><td rowspan="2">$rNa^+ < rCl^-$
只有 NaCl 存在</td><td rowspan="2">$Ka=\frac{288}{5rCl^-}$</td></tr>
<tr><td>8</td><td>总铅≤</td><td>0.1</td><td>0.1</td><td>0.1</td></tr>
<tr><td>9</td><td>总铜≤</td><td>1.0</td><td>1.0</td><td>1.0</td><td rowspan="2">$rCl^- + rSO_4^{2-} > rNa^+ > rCl^-$ 有 NaCl、Na_2SO_4 存在</td><td rowspan="2">$Ka=\frac{288}{rNa^+ + rCl^-}$</td></tr>
<tr><td>10</td><td>总锌≤</td><td>2.0</td><td>2.0</td><td>2.0</td></tr>
<tr><td>11</td><td>总硒≤</td><td>0.02</td><td>0.02</td><td>0.02</td><td rowspan="2">$rNa^+ > rCl^- + rSO_4^{2-}$
有 NaCl、Na_2SO_4、Na_2CO_3 存在</td><td>$Ka=288$</td></tr>
<tr><td>12</td><td>总镉≤</td><td>0.005</td><td>0.005</td><td>0.005</td><td>$10rNa^+ - 5rCl^- - 9rSO_4^{2-}$</td></tr>
<tr><td>13</td><td>总砷≤</td><td>0.05</td><td>0.1</td><td>0.05</td><td rowspan="4"></td><td rowspan="4"></td></tr>
<tr><td>14</td><td>总铬（+6 价）≤</td><td>0.1</td><td>0.1</td><td>0.1</td></tr>
<tr><td>15</td><td>氰化物≤</td><td>0.5</td><td>0.5</td><td>0.5</td></tr>
<tr><td>16</td><td>挥发酚≤</td><td>1.0</td><td>1.0</td><td>1.0</td></tr>
</table>

注：1. 水作指水稻，灌水量为 800 m^3/（亩·a）；

2. 旱作指水麦、玉米、棉花，灌水量为 300 m^3/（亩·a）；

3. 蔬菜指大白菜、洋葱，灌水量为 200～500 m^3/（亩·a）。

表 5-31　农田灌溉用水水质评价结果

项目	矿化度(mg/L)	硬度(mg/L)($CaCO_3$)	Na^+(mg/L)	Cl^-(mg/L)	SO_4^{2-}(mg/L)	NO_3^-(mg/L)	pH 值	F^-(mg/L)	灌溉系数
范围值	266.46 ~ 1 230.01	172.5 ~ ~ 573	0.63 ~ 111.6	4.96 ~ 117.69	2.4 ~ 142.17	2.67 ~ 187.98	7 ~ 7.9	0.1 ~ 0.94	7.96 ~ 225.12
平均值	639.3	357.06	35.965	41.092	58.44	47.44	7.39	0.356	106
项目	总铅(mg/L)	总铜(mg/L)	总锌(mg/L)	总硒(mg/L)	总镉(mg/L)	总铬(+6 价)(mg/L)	氰化物(mg/L)	总砷(mg/L)	
范围值	<0.005	<0.005 ~ 0.21	<0.005 ~ 0.15	<0.000 1 ~ 0.001 8	<0.005	<0.01		<0.001 ~ 0.002	
平均值	<0.005	0.005 475	0.011 26	0.000 483	<0.005	0.002 7		0.000 875	

(四)地下水质量评价

按照《地下水水质标准》(GB/T 14843—93)对区内浅层地下水质量进行评价.依据我国地下水水质现状、人体健康基准值及地下水质量保护目标,并参照生活饮用水、工业用水、农业用水水质要求,将地下水质量划分为五类,见表 5-32。

表 5-32　地下水质量分类指标

项目序号	类别标准值项目	Ⅰ类	Ⅱ类	Ⅲ类	Ⅳ类	Ⅴ类
1	色(度)	≤5	≤5	≤15	≤25	>25
2	嗅和味	无	无	无	无	有
3	浑浊度(度)	≤3	≤3	≤3	≤10	>10
4	肉眼可见物	无	无	无	无	有
5	pH 值	6.5 ~ 8.5			5.5 ~ 6.5 8.5 ~ 9	<5.5 或 >9
6	总硬度(以 $CaCO_3$ 计,mg/L)	≤150	≤300	≤450	≤550	>550
7	溶解性总固体(mg/L)	≤300	≤500	≤1 000	≤2 000	>2 000
8	硫酸盐(mg/L)	≤50	≤150	≤250	≤350	>350
9	氯化物(mg/L)	≤50	≤150	≤250	≤350	>350
10	铁(Fe)(mg/L)	≤0.1	≤0.2	≤0.3	≤1.5	>1.5
11	锰(Mn)(mg/L)	≤0.05	≤0.05	≤0.1	≤1.0	>1.0
12	铜(Cu)(mg/L)	≤0.01	≤0.05	≤1.0	≤1.5	>1.5
13	锌(Zn)(mg/L)	≤0.05	≤0.5	≤1.0	≤5.0	>5.0
14	铝(Al)(mg/L)	≤0.001	≤0.01	≤0.1	≤0.5	>0.5
15	钴(Co)(mg/L)	≤0.005	≤0.05	≤0.05	≤1.0	>1.0

续表 5-32

项目序号	类别标准值项目	Ⅰ类	Ⅱ类	Ⅲ类	Ⅳ类	Ⅴ类
16	挥发性酚类(以苯酚计,mg/L)	0.001	0.001	0.002	≤0.01	0.01
17	阴离子合成洗涤剂(mg/L)	不得检出	≤0.1	≤0.3	≤0.3	>0.3
18	高锰酸盐指数(mg/L)	≤1.0	≤2.0	≤3.0	≤10	>10
19	硝酸盐(以 N 计,mg/L)	≤2.0	≤5.0	≤20	≤30	>30
20	亚硝酸盐(以 N 计,mg/L)	≤0.001	≤0.01	≤0.02	≤0.1	>0.1
21	氨氮(NH_4)(mg/L)	≤0.02	≤0.02	≤0.2	≤0.5	>0.5
22	氟化物(mg/L)	≤1.0	≤1.0	≤1.0	≤2.0	>2.0
23	碘化物(mg/L)	≤0.1	≤0.1	≤0.2	≤1.0	>1.0
24	氰化物(mg/L)	≤0.001	≤0.01	≤0.05	≤0.1	>0.1
25	汞(Hg)(mg/L)	≤0.000 05	≤0.000 5	≤0.001	≤0.001	>0.001
26	砷(As)(mg/L)	≤0.005	≤0.01	≤0.05	≤0.05	>0.05
27	硒(Se)(mg/L)	≤0.01	≤0.01	≤0.01	≤0.1	>0.1
28	镉(Cd)(mg/L)	≤0.000 1	≤0.001	≤0.01	≤0.01	>0.01
29	铬(六价)(Cr^{6+})(mg/L)	≤0.005	≤0.01	≤0.05	≤0.1	>0.1
30	铅(Pb)(mg/L)	≤0.005	≤0.01	≤0.05	≤0.1	>0.1
31	铍(Be)(mg/L)	≤0.000 02	≤0.000 1	≤0.000 2	≤0.001	>0.001
32	钡(Ba)(mg/L)	≤0.01	≤0.1	≤1.0	≤4.0	>4.0
33	镍(Ni)(mg/L)	≤0.005	≤0.05	≤0.05	≤0.1	>0.1
34	滴滴涕(μg/L]	不得检出	≤0.005	≤1.0	≤1.0	>1.0
35	六六六(μg/L)	≤0.005	≤0.05	≤5.0	≤5.0	>5.0
36	总大肠菌群(个/L)	≤3.0	≤3.0	≤3.0	≤100	>100
37	细菌总数(个/mL)	≤100	≤100	≤100	≤1 000	>1 000
38	总 α 放射性(Bq/L)	≤0.1	≤0.1	≤0.1	>0.1	>0.1
39	总 β 放射性(Bq/L)	≤0.1	≤1.0	≤1.0	>1.0	>1.0

地下水质量评价以地下水水质调查分析资料或水质监测资料为基础,可分为单项组分评价和综合评价两种。

地下水质量单项组分评价,按本标准所列分类指标划分为五类,代号与类别代号相同,不同类别标准值相同时,从优不从劣。比如,挥发性酚类Ⅰ类、Ⅱ类标准值均为0.001 mg/L,若水质分析结果为0.001 mg/L,应定为Ⅰ类,不定为Ⅱ类。

对各类别按表5-33规定的内容分别确定单项组分评价分值F_i。按表5-34规定的内容划分地下水质量级别,再将细菌学指标评价类别标注在级别定名之后,如"优良(Ⅱ

类)”、“较好(Ⅲ类)”等。

表 5-33　F_i 值的确定

类别	Ⅰ	Ⅱ	Ⅲ	Ⅳ	Ⅴ
F_i	0	1	3	6	10

表 5-34　地下水质量级别划分

级别	优良	良好	较好	较差	极差
F	<0.80	0.80~2.50	2.50~4.25	4.25~7.20	>7.20

评价方法采用综合评价分值(F)法,其计算公式如下:

$$F = \sqrt{\frac{\overline{F}^2 + F_{max}^2}{2}}; \quad \overline{F} = \frac{1}{n}\sum_{i=1}^{n} F_i$$

式中　$\overline{F}$——各项组分评分值 F_i 的平均值;

F——各项组分评分值 F_i 的综合值;

F_{max}——单项组分评分值 F_i 中的最大值;

n——参加评分的项目数。

评价因子选择如下:色、嗅和味、浑浊度、肉眼可见物、pH 值、总硬度、溶解性总固体、硫酸盐、氯化物、氟化物、硝酸盐、亚硝酸盐、氨氮(NH_4)、Fe^{2+};全分析 14 项,污染分析增加 12 项:Mn、Cu、Zn、C_6H_5OH、CN^-、Hg、As、Se、Cd、Cr^{6+}、Pb、阴离子合成洗涤剂。评价结果见表 5-35。

表 5-35　地下水质量评价结果

位置	水样编号	$\sum_{i=1}^{n} F_i$	F_{max}	参加评分的项目数	F	地下水质量级别
诸葛镇	Y1	8	3	25	2.14	良好
李村镇	Y2	11	3	25	2.15	良好
李村镇梁村	Y3	18	3	25	2.19	良好
庞村镇	Y5	17	3	25	2.18	良好
翟镇田村	Y31	8	3	25	2.14	良好
佃庄镇	Y34	8	3	25	2.14	良好
洛阳柿园村	L2	15	3	25	2.17	良好
洛阳望朝岭	L3	17	3	25	2.18	良好
洛阳井沟村	L4	13	3	25	2.16	良好
洛阳市幽沟村	L7	21	6	25	4.29	较差
洛阳市洛龙区二郎庙村	L8	15	3	25	2.17	良好
洛阳桑园村	L9	35	10	25	7.15	较差
洛阳李楼橡胶坝北菜地	L10	18	3	25	2.19	良好
洛阳杨富冢村	L11	13	3	25	2.16	良好
洛阳市洛龙区李屯村	L15	19	6	25	4.28	较差
洛阳刘富村	L16	13	3	25	2.17	良好
洛阳玉郎庙村	L19	18	3	25	2.19	良好

续表 5-35

位置		水样编号	$\sum_{i=1}^{n} F_i$	F_{max}	参加评分的项目数	F	地下水质量级别
洛阳下庄村		L20	10	3	25	2.14	良好
宜阳县西军老村		L21	15	3	25	2.17	良好
遇驾沟			16	6	27	4.28	较差
下池水源地	庞屯		24	6	27	4.35	较差
土桥沟村			20	10	27	7.13	较差
古墓博物馆			14	10	27	7.11	较差
潘寨村			22	6	27	4.34	较差
洛阳钢厂			20	3	27	2.19	良好
玻璃厂铁路道口西			22	3	27	2.20	良好
张庄和临涧水源地	西岗		28	6	27	4.31	较差
	石化工程公司		26	6	27	4.30	较差
	外国语学院		28	10	27	7.12	较差
五里堡水源地	铁路医院		30	6	27	4.32	较差
后李水源地	西枣园村东南		58	10	25	7.17	较差
洛南水源地	洛阳市卫生学校		19	3	25	2.18	良好
	洛阳市洛龙区聂湾村	L13	11	3	25	2.15	良好
李楼水源地	三官庙		44	6	27	4.41	较差
	洛阳市李楼村	L18	28	10	25	7.12	较差

由表 5-35 可知，从整体上看，研究区西部水质普遍较差，东部水质较好，只有个别工业区内水质稍差。浅层地下水沿河两岸、工业较多的地段，水质已不同程度地受到污染，工业较少距伊洛河较远的地段，水质稍好些。其中，西岗、石化工程公司、外国语学院均位于张庄水源地和临涧水源地附近，F 值评价结果分别为 4.31、4.30、7.12，根据表 5-34 的规定，张庄水源地和临涧水源地的水质较差；庞屯位于下池水源地附近，F 值评价结果为 4.35，水质较差；铁路医院位于五里堡水源地，F 值评价结果为 4.32，水质较差；西枣园村位于后李水源地附近，F 值评价结果为 7.17，水质较差；聂湾村、洛阳卫生学校位于洛南水源地，F 值评价结果分别为 2.15、2.18，根据表 5-34 的规定，水质良好；三官庙、李楼村位于李楼水源地，F 值评价结果分别为 4.41、7.12，水质分析较差。

本书水质分析资料取自 2008 年和 2009 年水质分析报告，分析显示，导致水质较差的原因主要是水的硬度及硝酸含量普遍超标，这与工业区的分布及河水的污染有着直接关系。洛南水源地和其他水源地相比，开采量最大，但水质分析结果显示良好。究其原因，主要是洛南水源地工业区相对较少，同时距离洛河又较远。

综上所述，洛阳市局部浅层地下水已不同程度地受到污染，污染机理大致为地表污染物被雨水淋滤下渗、污染的地表水体下渗以及直接向地下排污，引起地下水水质污染。主要是对地下水资源开采不当，或者人工回补地下水的水质不良，引起地下水水质恶化。

第六章　地下水资源保护区划分

第一节　地下水开发利用潜力分析

一、分析方法

地下水开发利用潜力，主要依据地下水开采潜力指数 P 和地下水可增开采资源模数 q 作为判定标准，计算公式如下：

$$P = Q_{允} / Q_{现}$$

$$q = (Q_{允} - Q_{现}) / F$$

式中　P——地下水开采潜力指数；

$Q_{允}$——地下水允许开采量，万 m^3/a；

$Q_{现}$——地下水现状开采量，万 m^3/a；

q——地下水可增开采资源模数；

F——计算区面积，km^2。

地下水开采潜力大小依据下列值判定：

$P > 1.2$　有开采潜力，可扩大开采；

$0.8 \leqslant P \leqslant 1.2$　采补平衡；

$P < 0.8$　潜力不足，已超采。

其中，有开采潜力区又可根据地下水可增开采资源模数 q 分为如下：

$q > 20$　潜力较大区；

$10 \leqslant q \leqslant 20$　潜力中等区；

$q < 10$　潜力较小区。

潜力不足区分为如下：

$0.6 \leqslant P \leqslant 0.8$　潜力轻度不足区；

$0.4 \leqslant P < 0.6$　潜力中度不足区；

$P < 0.4$　潜力严重不足区。

根据地下水资源计算结果，结合地下水开采现状，计算出各区地下水开采潜力指数 P 及地下水可增开采资源模数 q，计算结果见表6-1。

表 6-1　各区开采潜力指数计算结果

分区	Ⅰ	Ⅱ	Ⅲ	Ⅳ	Ⅴ	Ⅵ	全区
现状开采量（万 m^3）	160	5 321.7	2 856	4 649.57	2 007.6	580.3	15 575.17
可开采量（万 m^3）	706.54	6 850.59	2 526.87	6 081.54	2 568.03	947.78	19 641.72
开采潜力指数 P	4.42	1.29	0.88	1.31	1.28	1.63	1.26
可增开采量（万 m^3）	546.54	1 528.89	-329.13	1 431.97	560.43	367.48	4 066.55
可增开采资源模数 q	24.09	12.67	—	40.33	19.59	18.58	15.26

二、开采潜力分析

由表 6-1 可以看出，全区地下水开采潜力指数为 1.26，大于 1.2，有开采潜力，可扩大开采；地下水可增开采资源模数 q 为 15.26，大于 10 且小于 20，开采潜力中等。具体到各个小区又有差异，Ⅰ区现状条件下开采量较小，开采潜力指数为 4.42，大于 1.2，可增开采资源模数为 24.09，大于 20，属于开采潜力较大区；Ⅱ区开采潜力指数为 1.29，大于 1.2，可增开采资源模数为 12.67，属于开采潜力中等区；Ⅲ区现状开采量大于可开采量，开采潜力指数为 0.88，开采潜力较小；Ⅳ区开采潜力指数为 1.31，大于 1.2，可增开采资源模数为 40.33，大于 20，属于开采潜力较大区；Ⅴ区开采潜力指数为 1.28，大于 1.2，可增开采资源模数为 19.59，小于 20，属于开采潜力中等区；Ⅵ区开采潜力指数为 1.63，大于1.2，可增开采资源模数为 18.58，小于 20，属于开采潜力中等区。

第二节　地下水资源开发利用规划

由于水具有特定的自然属性和社会属性，水资源直接决定本地区的经济结构、生产力布局和生产方式，直接影响人民的生活方式和生存质量。研究区的社会经济持续发展以及生态环境保护，都必须以水资源的合理开发利用为基础，开发与保护并举。合理、科学地对水资源的开发利用进行规划，是实现水资源持续利用，保证研究区社会、经济与环境可持续发展的重要条件。

根据研究区水资源开发利用及保护的现状与发展趋势，水资源的统一性与系统性特点，对水资源的开发利用进行规划时应遵循以下几个原则：

（1）全面规划、统筹兼顾，标本兼治、突出重点，坚持水资源开发利用与保护并重。统筹兼顾流域、区域水资源综合开发利用和研究区国民经济发展规划。

(2)水质与水量统一考虑。水质与水量是水资源的两个主要属性。水质保护与水量关系密切,规划时将水质与水量统一考虑,是水资源开发利用与保护辩证的统一关系体现。

(3)地表水与地下水相统一。

(4)突出水资源保护监督管理。

依据本次开采潜力分析结果,结合水文地质条件、地质环境及本次调查成果,将研究区内浅层地下水划分为可增强开采区、控制开采区和调减开采区,见图6-1。

一、可增强开采区

Ⅰ区、Ⅱ区浅层地下水资源较丰富,开采潜力指数均大于1.2。这两个区位于洛河和伊河的漫滩及河间地块,含水层岩性为砂卵石,厚度大,地下水与河水联系密切,加上水面工程的影响,地下水接受河水的补给较充分,地下水资源丰富,开采潜力较大。

二、控制开采区

Ⅲ区分布于研究区洛河西侧河谷区,浅层地下水可开采量为2 526.87万m^3/a,现状开采量为2 856万m^3/a,已处于负均衡状态。究其原因,主要是该区虽没有大的厂矿企业,但小型企业林立,自备井较多。野外调查发现,由于该地段地下水长期开采,现已产生明显的降落漏斗。目前,洛河水面工程蓄水还没有影响到该区,因此对该区应控制开采。

Ⅴ区分布于洛河北岸二级阶地,也即是洛阳市区,浅层地下水可开采量为2 568.03万m^3/a,现状开采量为2 007.6万m^3/a,可增开采量为560.43万m^3/a。浅层地下水资源处于正均衡状态,有开采潜力。目前,正在开采的水源地有4个,日开采量为10.13万m^3。该区局部受到洛河水面工程蓄水的影响,地下水能够接受河水的补给,但现有水源地的开采量偏大,在张庄水源地附近,形成多年的降落漏斗并没有修复,因此应控制开采。

根据计算,Ⅵ区浅层地下水可开采量为947.78万m^3/a,现状开采量为580.3万m^3/a,可增开采量为367.48万m^3/a,有开采潜力。但根据2006年9月及2009年6月等水位线图,机车工厂附近多年形成的降落漏斗并没有完全修复,因此对本区应控制开采。

三、调减开采区

Ⅳ区主要分布于洛河北岸二级阶地,位于洛阳市涧西区,洛阳市绝大部分大型厂矿企业均分布于该区,地下水开采量较大。

该区浅层地下水可开采量为6 081.54万m^3/a,现状开采量为4 649.57万m^3/a,可增开采量为1 431.97万m^3/a,洛阳在该区建有2个水源地,日开采量约10 100 m^3,开采量并不大,因此该区还有一定的开采潜力。根据野外实测,2008年和2009年该区地下水位均略有下降,下降幅度平均为0.09 m,因此应调减地下水的开采。

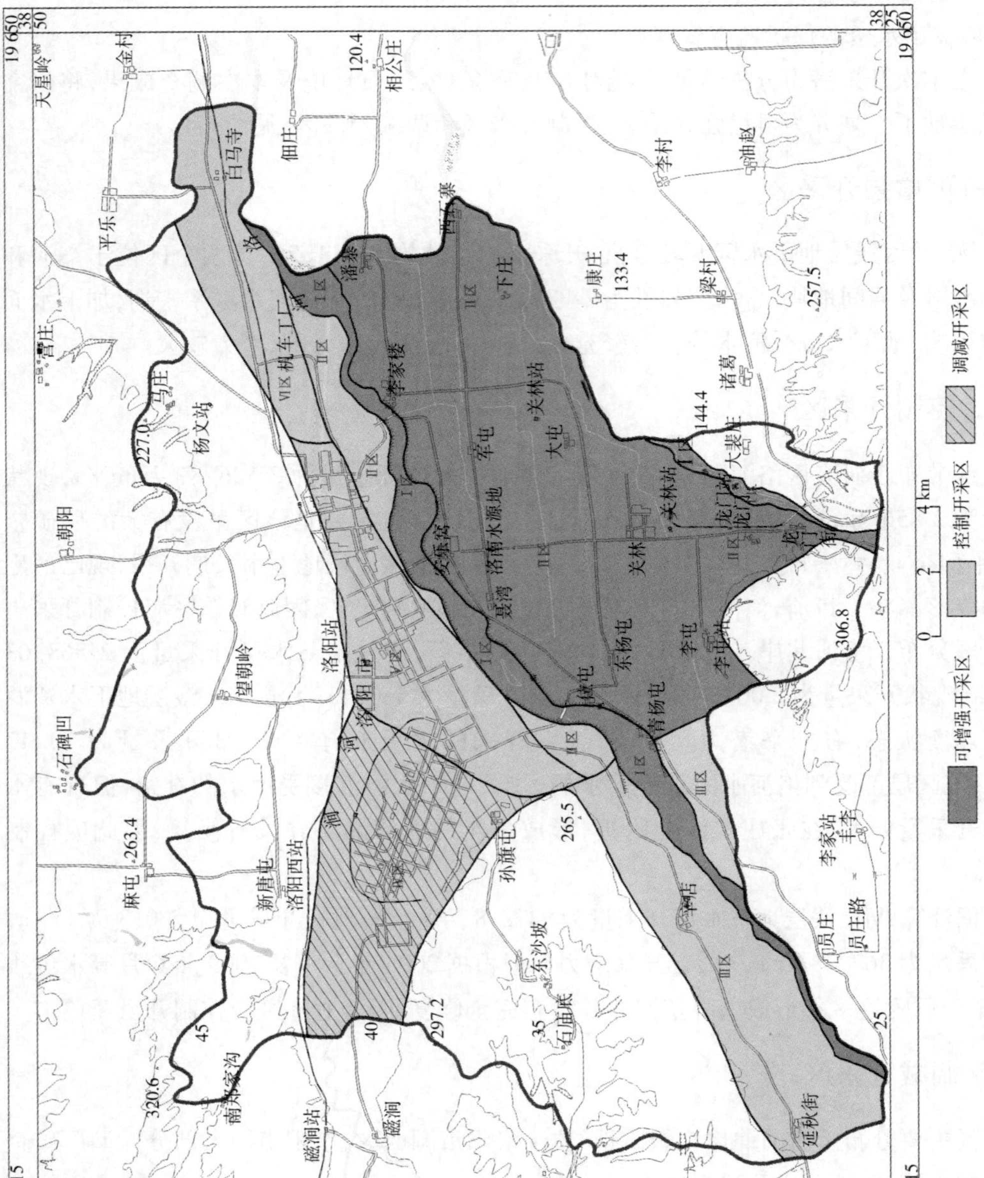

图 6-1 洛阳市浅层地下水开发利用规划

第三节　保护区划分原则

一、水源地保护区划分的目的

建立地下水水源地保护区的目的在于以下几方面：

(1)使已开发建立未受污染或即将建立的水源地不受污染。分析和认识不同类型水源地可能的污染来源、污染途径以及在抗污染方面的特点及性质差异，对划分水源地保护区有着极其重要的意义。承压水水源地的抗污能力较强，对它保护的关键是均衡开采，减少受污染的潜水越流补给承压水，减缓受污染的速度和程度。潜水水源地埋藏浅，污染源众多，保护的关键在于对供水井周围环境状态的监测与管理，尤其是卫生条件的监督。因此，建立水源地保护区就是消除污染源和切断污染途径，可以保证用水水质的安全，实现水源地的可持续发展。

(2)使已建立的轻度受污染的水源地水质逐渐恢复清洁。查清对水源地有影响的污染源、污染途径，确定主要污染的范围和污染的程度，掌握主要污染物在地下水中随距离和时间变化的规律，根据污染物的时空变化规律建立水源地保护区，消除污染源，使水源地逐步恢复清洁。

(3)通过污染评价，使污染较重的水源地采取合理的控制和防污措施，包括搬运污染源、禁止污染物排放、对污染源进行治理及在发生紧急情况下污染的修复措施等。

(4)通过对净化区的建设，恢复其生态环境，以涵养水分、净化水源，减少对补给水源的污染。评价覆盖岩层的隔水性、渗透性和植被的净化性能，以充分利用自然界本身的保护条件，涵养水源，净化水质。

(5)通过对污染监控带的建立，监测污染物的动向，以便及时采取措施，防止突发性污染事故的发生。

总之，建立水源地保护区是为了保护水源地，预防、阻止和修复水源地的污染，保证供水安全，实现水源地的可持续发展。

二、水源地保护区划分的原则

水源地保护区指国家为防治水源地污染，保证水源地环境质量而划定的，并要求加以特殊保护的一定面积的水域和陆域。地下水饮用水源保护区指地下水饮用水源地的地表区域，在我国主要采用三级控制，由于水源地水文地质条件的复杂性和污染物质的多样性，在划分地下水水源地保护区时，不仅要考虑地下水水源地划分的理论依据和理论原则，而且要参照地下水水源地划分的实际应用原则。从可持续发展的角度出发，坚持以人为本，以持续供水为中心，以水资源节约、保护、配置和水资源可持续利用为重点，坚持开源节流与保护并重，通过采取综合治理措施，保证供水，抑制水质恶化，逐步实现地下水的采补平衡，以地下水资源的健康循环，促进和保障洛阳市经济社会的可持续发展，实现人、水、自然的和谐共处。

(一)水源地保护区划分的理论依据

地下水水源地保护区划分的依据主要包括地下水的动力学特征、地下水细菌学理论和地下水含水层覆盖层的保护作用。

1. 地下水的动力学特征

为研究地下水的动力学特征,应用地下水动力学的有关理论和技术方法,需研究的主要参数有渗透系数、水力坡度、流速、水位、含水层厚度、流量、水位降深和抽水井结构等。

地下水水源地保护区的确定首先要依据取水井生产时造成的地下水运动的流场状态,按地下水运动原则和给定的流场状态可以确定动力学参数。因此,地下水水源地保护区的准保护区主要按流场的给水边界来确定,一般给水边界可认为是取水井降落漏斗的边界,也可认为是地下水分水岭的边界,或是定水头补给边界(有地表水体存在时)。所以,准保护区的确定应在绘制取水区降落漏斗图和等水位线图的基础上来完成。

2. 地下水细菌学理论

地下水细菌学理论依据起源于德国,在德国主要是应用于二级保护区区界的确定。一般情况下,细菌或病毒在地下水中存活时间比在地表水中长,而地下水中病毒存活期又比细菌长,在一定存活期内,细菌或病毒的运移距离又与地下水的流速有关。所以,根据大量试验研究,推出 50 d 流线来确定二级保护区范围的大小,可以理解为在这个最小的滞留期间和输运过程中一般可以保证病菌和显微生物被抑制或消除,而在我国利用该原则来划分一级保护区边界。

3. 地下水含水层覆盖层的保护作用

地下水水源地保护区的确定必须考虑地下水含水层覆盖层的保护作用,也就是考虑饱水带以上包气带的结构、岩性组成和厚度等因素,覆盖层的性质不同,其保护作用有很大差异。

(二)水源地保护区划分的理论原则

对地下水水源地保护区的划分,理论上应遵循以下原则。

1. 以人为本的原则

坚持以人为本,把人民群众的根本利益作为水资源保护的根本出发点,按照科学发展观的要求,坚持协调发展,优先保障居民基本生活用水,合理安排生态用水,优化配置生产用水,促进经济、社会、环境的协调发展。

2. 社会效益、经济效益和环境效益相统一的原则

开发与保护、近期与远期相结合;统筹协调生活用水、生产用水和生态用水,合理配置地表水与地下水,对需水要求与供水可能进行合理安排,使社会效益、经济效益和环境效益相统一。

3. 因地制宜的原则

根据洛阳市地下水资源状况和水文地质条件,确定适合本地的地下水资源开发利用模式;确定地下水资源开发利用、环境治理、资源配置和保护的重点,界定各类行动措施优先次序,行动突出实用性和可操作性。

(三)水源地保护区划分的实际应用原则

对地下水水源地进行保护区划分时,应遵守以下几点实际应用原则:

（1）根据不同的地下水类型、区域特点及所具备的基础资料条件，因地制宜地选择水源地保护区划分技术指标和简易、可靠、适用的划分方法。

（2）确定地下水水源地保护区的技术指标，应考虑当地的地理位置、水文气象特点、水文地质特征、水体特征、水体中的污染物类型、污染特性、污染源分布、排水区分布、水源地规模、水量需要、环境管理的需要等因素。

（3）地下水水源地保护区的划分要在地下水防治规划的基础上进行，要与城市建设总体规划、工业发展规划、土地利用规划、水资源开采规划、环境保护规划相结合。

（4）划定的水源地保护区范围，应防止水源地附近人类活动对水源地的直接污染；应足以使所选定的主要污染物在向开采井或井群运移过程中，衰减到所期望的浓度水平；在正常情况下保证取水水质达到规定要求；一旦出现污染水源的突发情况，有采取紧急补救措施的时间和缓冲地带。

（5）要充分利用地下水监测资料，研究污染物等浓度线图，以便掌握时空变化规律，确定划分保护区的污染物参数。

（6）各级地下水源保护区的范围应根据当地的水文地质条件确定，并保证开采规划水量时能达到所要求的水质标准。地下水饮用水源保护区（包括一级保护区、二级保护区和准保护区）水质各项指标不得低于地下水质量标准中的Ⅲ类标准。

（7）在确保饮用水源、水质的前提下，划定的污染源保护区范围应尽可能地小。因为确定的范围越大，规定越严，则地下水水质的保证性越高，但同时提高了这些地区的供水成本，限制了这个带内的地下水利用。因此，每个水源地卫生防护带大小的确定，应根据具体的经济条件和自然条件考虑，特别应考虑含水层天然防护污染的条件、水源地的类型和生产效率。

（8）划分方案应有利于强化目标管理，确保本行政区内管理得力，相邻行政区监督有致。

（9）对不需要划分保护区的地下水水源地，应具有如下条件：①水源地被污染的地下水面积已超过70%，且有两种有害污染物超过国家饮用水标准；②水井使用运转期已超过设计使用年限；③污染源的搬运费用超过水井运行期创造的价值；④已污染的水源地不在城市地下水补给区。

第四节　保护区划分

一、水源地保护区划分的技术指标

（一）时间标准

水源地保护区范围过小会引起饮用水水质不安全，影响人民健康；范围过大则不利于对土地的合理开发利用，浪费自然资源。因此，以地下水流运移时间为标准，结合各地的具体条件来划分是很有必要的。以时间为标准，可使水源地保护区的划分有据可依，从而加强水源地的环境保护工作，提高我国水源地利用的效率。

运移时间，即污染物在地下水中运移，到达开采井位或某一边界所经历的时间。一般要考虑三种情况:①一般病原菌衰减至允许浓度水平的时间;②病原菌以外的污染物在地下运移降解到满足水源地水质标准的时间;③水源地运行时间。

(1)一般病原菌衰减至允许浓度水平的时间。

一般病原菌的衰减是一维动力学反应,其浓度计算公式为:

$$C = C_0\exp(-kt)$$

式中 C——地下水中病原菌的允许浓度;

C_0——地下水中病原菌的原始浓度;

k——地下水中病原菌的衰减系数;

t——衰减时间,即病原菌衰减至允许浓度水平的时间。

对于时间的选择,以沙门氏杆菌为代表,沙门氏杆菌的存活期为44~55 d,丧失病原影响需要60 d,根据《饮用水水源保护区划分技术规范》(HJ/T 338—2007)第7.2.1条的规定,取时间为100 d。

(2)病原菌以外的污染物在地下运移降解到满足水源地水质标准的时间。

根据《饮用水水源保护区污染防治管理规定》,地下水水源地二级保护区是为防止病原菌以外的其他污染。地下水开采会形成一定范围的降落漏斗,漏斗区的污染物进入含水层会最大限度地影响供水水质,并且漏斗区地下水流速较大,进入含水层的超标物质会很快迁移到供水井。由于污染物从漏斗迁移至水源井的时间长短不等,并且土壤对不同污染物的净化能力不同,为了保证所有水源井二级保护区划分的一致性,根据《饮用水水源保护区划分技术规范》(HJ/T 338—2007),结合国内外划分经验,取病原菌以外污染物在地下运移降解到满足水源水质标准的时间为1 000 d。

(3)《饮用水水源保护区划分技术规范》(HJ/T 338—2007)规定,二级保护区外的补给区为准保护区。这样划分存在以下问题:其一,若补给边界离水源井很远,则准保护区划分的范围太大,不利于对自然资源的开发;其二,若水源补给边界离水源井非常近,则规范中没有涉及对河流水质的要求及河流属于何类保护区的范围。

我国有不少学者提出采用25年的迁移距离作为准保护区半径,原因是一般认为水源井的开采期限为25年。据国内外经验,综合确定水源地运行时间为25年。因此,在水源地补给边界距水源地非常近时,要以水源地补给边界作为准保护区范围,同时考虑河流水质的影响;在水源地补给边界距水源地非常远时,以25年的迁移距离作为准保护区半径。

(二)距离标准

(1)防治病原菌的有效距离:100 d的时间用于病原菌自地表经包气带进入地下水的时间和水平径流到集水井的时间,有效距离按水平径流到集水井的最大距离确定。其距离大小从60 d中扣去垂直入渗时间,即由剩余时间乘以携带病原菌的地下水流速来决定。

(2)防止病原菌以外的污染物的有效距离:1 000 d内一般污染物的污染距离。

(3)保护水源地水量和水质的有效半径:水源地二级保护区以外的主要补给区,即水源地运行时间25年内污染物在地下水中迁移的距离。

(三)地下水系统边界

地下水系统边界为地下水分水岭及含水层边界,即水文地质单元边界。

(四)净化能力

净化能力即污染物在地下水中迁移,经过一定时间或距离衰减到某一浓度水平。

(五)污染事故

污染事故即已发生的污染事件。

以上述为依据划分地下水水源保护区,结合配套的管理措施,限制污染物的产生,已污染的水井在含水层的自净作用下逐步恢复清洁。

二、国内外水源地保护区划分方法及依据

世界各国对地下水水源地保护区区界的划分方法各异,绝大多数国家为三分法,极少数为二分法,见表6-2。

表6-2　部分国家地下水水源地保护区划分

国家	一级区	二级区	三级区
中国	细砂:30 ~ 50 m 中砂:50 ~100 m 粗砂:100 ~200 m	细砂:300 ~ 500 m 中砂:500 ~1 000 m 粗砂:1 000 ~2 000 m	补给区(潜水为流域区界,承水为补给区)
德国	10 ~ 50 m	50 d	2 000 m
芬兰	取水区	内保护区,60 d	远保护区
瑞典	井区	≥100 m,≥60 d	外保护区
英国	50 d,≥50 m	400 d,面积不少于流域的25%	流域区界,半径不少于5 km
澳大利亚	直接防护区,10 ~20 m	保护区,50 d	局部保护区
比利时	直接防护区,20 m	内保护区,50 d	远保护区
瑞士	10 ~20 m	≥100 m	流域区界
荷兰	井区	集水区,50 ~60 d	滞留20年保护区

(1)一级保护区边界:由表6-2可看出,大多数国家规定一级保护区边界为取水口区,边界距取水口10 ~50 m,在地下岩土层对地下水的固有保护性很强的情况下(如不渗水层)可以不设一级保护区。也有少数国家给出了一级保护区的具体时间标准,例如英国,规定一级保护区区界是地下水50 d流程等值线,且不得小于50 m。

(2)二级保护区边界:大多数国家采用德国的50 d流程等值线 ,也有少数国家不同,例如:英国认为二级保护区区界为地下水400 d流程等值线。苏联 ф · M · 鲍契维尔认为,建立第二防护带的目的是消除集水构筑物在开采25年的时间里不致出现污染。

(3)三级保护区边界:三级保护区即为流域剩余部分,大多数欧美国家认为三级保护区一般分为ⅢA和ⅢB。习惯上以取水口为中心画一半径为2 000 m的圆线作为ⅢA区外界,即一般污染物难以穿透2 000 m的地下岩土过滤器;其余部分为ⅢB区。而英国则认为划定三级保护区时应考虑井口周围较大的范围,范围半径不得小于5 km。

尽管分区不一,名称有异,但为确保地下水保护系统的有效性,各国都根据各自的社会、经济、技术条件的不同均对各保护区施加各种限制,以取得更好的效果。

目前,国内外对地下水水源地保护区的划分方法主要有经验值法和数值法。

(一)经验值法

经验值法是在数值法之前被采用的水源地保护区划分方法,20 年前就被普遍运用。

1. 划分方法

经验值法划分地下水水源地保护区主要是利用多年实践总结出来的分区标准,通过调查地下水水源地含水层覆盖层的保护能力、水源地补给源(傍河开采水源地指河流)对水源地的水质影响、水源地类型及规模和研究区其他水文地质特征,构建经验公式,如库萨金经验公式、漏斗影响半径计算公式、水动力学模式计算公式等,求出各级保护区半径的方法。

2. 理论基础

经验值法的理论基础是调查地下水水源地含水层覆盖层的保护能力、水源地补给源对水源地的水质影响及经验公式的选取。

(1)包气带的防护能力。通过建立垂向污染物的运移模型,预测污染物通过包气带进入含水层的可能。

(2)水源地补给源(河流等)对地下水水质的影响。明确地下水的补给源,通过建立水源区地下水中的溶质运移模型,预测补给源对水源地水质的影响。

(3)经验公式的选取。根据地下水赋存、运动及开发理论,选取构建经验公式,计算水源地各级保护区的半径。

3. 划分步骤

用经验值法划分地下水水源地保护区,大致分为以下几步:

(1)水动力弥散试验。通过包气带土层的室内一些维流场的一维、二维水动力弥散试验,求出表征介质对污染物分散能力的重要指标——水动力弥散系数。

(2)地下水水质预测。利用水动力弥散试验求得弥散系数,建立包气带和补给源对水源地水质影响的地下水污染模型,对水源地水质进行预测。

(3)地下水水源地保护区半径计算。根据水源地的类型、规模及水文地质特征,选取经验公式,利用公式计算水源地各级保护区半径。

(4)根据以上结果综合确定水源地保护区范围。

(二)数值法

1. 划分方法

用数值法划分地下水水源地保护区,即是运用地下水数值模拟技术,借助于专业软件,根据研究区的区域地质、地貌、气象水文、介质空间结构、地下水位的连续性、边界与环境的输入输出及其他水文地质条件,建立研究区的水文地质概念模型,进而建立数学模型,模拟研究区的地下水流场,按污染物的降解时间不同,将水源地保护区分为 3 级,以水源地为中心设置反向追踪质点,求得水流到达水源地迹线的起点,连接各迹线起点构成保护区分区界限,以此获得地下水水流截获区。

2. 理论基础

数值法的理论基础是地下水流动的数学模型、质点示踪模型和溶质运移模型。

(1)地下水流动的数学模型(MODFLOW、FEFLOW 等)。利用有限差分法或有限元法对研究区进行地下水数值模拟，建立地下水流场，在此基础上利用预测的源汇项对地下水流场进行预测。

(2)质点示踪模型(MODPATH 等)。根据有限差分法，利用向前或向后示踪法计算出流线分布和任意时间水质点的移动位置，用向后示踪法确定一个水源地的地下水补给来源和补给通道，计算出从地下水补给区渗流至研究区所经历的时间。

(3)溶质运移模型(MT3D 等)。将有限差分法、基于 Eulerian-Lagrangian 的粒子跟踪法和高阶有限体积 TVD 法三种常用的运移求解技术结合起来，对地下水水源地水质的污染物迁移规律进行数值模拟，根据实际需要模拟和预报地下水水质变化。

3. 划分步骤

用数值法划分地下水水源地保护区，大致分为以下几步：

(1)建立研究区的水文地质概念模型。根据研究区的水文地质条件确定模拟区边界(模拟区的顶部、底部边界和周边界)、计算目的层的内部结构及水力特征、模拟区的开采量、模拟时间及模拟的初始条件。

(2)建立数学模型。根据水文地质概念模型，建立研究区的数学模型。实际上数学模型就是把水文地质模型数学化，用一组数学关系式来刻画实际地下水流在数量和空间上的一种结构关系，包括微分方程和定解条件(边界条件和初始条件)，用数学模拟软件求解。

(3)模型求解。根据水文地质概念模型，对研究区水文地质参数进行分区，对模拟区和模拟时间进行离散，确定源汇项。

(4)模型识别与验证。①模型识别：选择源汇项较少的地段进行模型识别，利用数学模型，采用"反复试探"法拟合。识别数学模型的顺序是先检验所选用的参数而后检验方程和边界条件。对识别结果作三方面的评估：一是水量均衡，模型计算的源汇项结果与实测值相符；二是模型计算地下水位等值线与实测值绘制的等值线一致；三是观测孔计算水位与实测水位拟合良好，全部观测孔计算水位与实测水位拟合误差均小于 0.5 m。②模型验证：选出几个时段，将计算值与实际观测值进行比较，对比点、剖面或整个区域的等水位线的拟合程度，一般要求曲线拟合的相对误差小于时段水位变幅的 5%。

(5)用 MODPATH 划分水源地保护区。运用识别后的数值模型，按划分保护区的时间标准运行预测地下水流场，同时结合 MODPATH 的质点示踪，划分地下水水源地保护区。

三、研究区地下水水源地保护区划分

从目前洛阳市水源地开采情况看，只有洛南水源地日开采量大于 5 万 m^3，属于大型水源地，其余均小于 5 万 m^3，属于中小型水源地，根据《饮用水水源保护区划分技术规范》(HJ/T 338—2007)第 7.2 条的规定，中小型水源地保护区半径采用经验值法计算，大型水源地建议采用数值法划分保护区范围。

根据洛阳市地下水水源地所处的环境地质条件，结合水源地类型，参考《饮用水水源保护区划分技术规范》(HJ/T 338—2007)的相关规定，分别用经验值法计算出每个水源地的一级、二级保护区半径，用数值模拟法划分出二级保护区范围，然后综合确定洛阳市地下水水源地保护区范围。

(一)保护区范围的概念模型

1. 供水水源地

研究区共有 9 个集中式供水水源地,水源地一级保护区范围原则上为以外围井的外接多边形为边界,向外径方向距离为一级保护区半径的多边形区域;二级保护区范围原则上则是以外围井的外接多边形为边界,向外径方向距离为二级保护区半径的多边形区域。水源地保护区范围的概念模型见图 6-2。

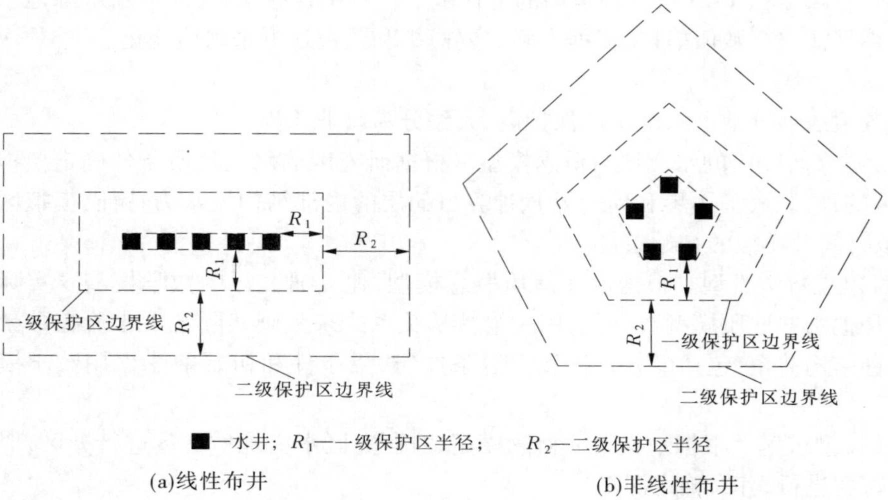

图 6-2　水源地保护区范围的概念模型

2. 单井

若井群内的井间距大于一级保护区半径的 2 倍,可以分别对每口井进行一级保护区划分;若井群内的井间距大于二级保护区半径的 2 倍,也可以分别对每口井进行二级保护区划分。

一级保护区范围为以开采井为中心,半径为 R_1 的圆形区域;二级保护区范围为以开采井为中心,半径为 R_2 的圆形区域。单井保护区范围的概念模型见图 6-3。

(二)经验公式法计算水源地保护区半径

洛阳市供水水源地类型均为第四系松散岩类孔隙潜水,根据《饮用水水源保护区划分技术规范》(HJ/T 338—2007)第 7.2 条的规定,水源地保护区半径采用以下经验公式:

$$R = \alpha kiT/n \qquad (6\text{-}1)$$

式中 R——保护区半径,m;

α——安全系数,一般取 150%(为了安全起见,在理论计算的基础上加上一定量,以防未来用水量的增加以及干旱期影响造成半径的扩大);

k——含水层渗透系数,m/d;

i——水力坡度(为漏斗范围内的平均水力坡度);

T——污染物水平迁移时间,d;

n——有效孔隙度。

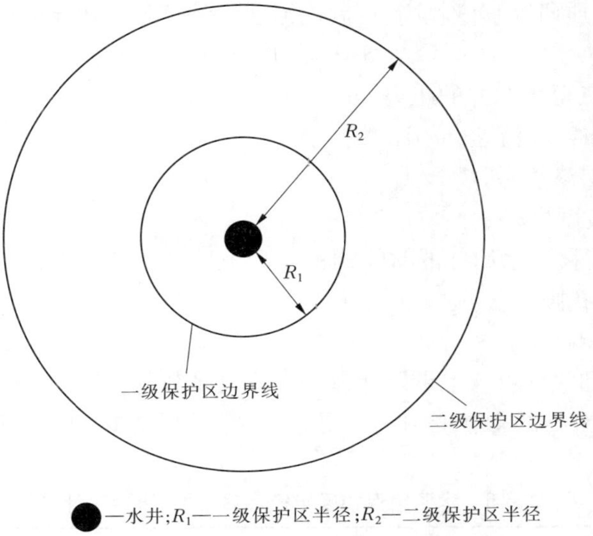

图 6-3　单井保护区范围的概念模型

一级、二级保护区半径按式(6-1)计算，但实际应用值不得小于表 6-3 中对应范围的下限值。

表 6-3　孔隙水潜水型水源地保护区范围经验值

介质类型	一级保护区半径(m)	二级保护区半径(m)
细砂	30～50	300～500
中砂	50～100	500～1 000
粗砂	100～200	1 000～2 000
砾石	200～500	2 000～5 000
卵石	500～1 000	5 000～10 000

注：二级保护区半径是以一级保护区边界为起算点的。

洛阳市各供水水源地保护区半径计算结果见表 6-4。

表 6-4　水源地保护区半径计算结果(经验公式法)

水源地名称	渗透系数(m/d)	水力坡度(‰)	污染物水平运移时间(一级/二级，d)	有效孔隙度	一级保护区半径(m)	二级保护区半径(m)
张庄	70	8.00	100/1 000	0.27	311.12	3 111.15
临涧	90	4.00	100/1 000	0.27	200.00	1 999.95
下池	90	2.00	100/1 000	0.27	100.01	1 000.05
五里堡	90	5.80	100/1 000	0.27	290.00	2 899.95
后李	70	5.30	100/1 000	0.27	206.12	2 061.15
王府庄	70	5.30	100/1 000	0.27	206.12	2 061.15
洛南	70	8.00	100/1 000	0.27	311.12	3 111.15
李楼	120	3.14	100/1 000	0.27	209.34	2 093.4
东郊	80	6.01	100/1 000	0.27	267.11	2 671.05

洛阳市水文地质研究程度较高,可利用流速法计算各点水流的运移距离,公式如下:

$$S = vt = kit/n_0 \tag{6-2}$$

式中 S——计算点至水源井的距离,m;

v——地下水实际流速,m/d;

k——含水层渗透系数,m/d;

i——水力坡度(%);

t——水流运移到水源井的时间,d;

n_0——有效孔隙度。

计算结果见表6-5。

对比式(6-1)和式(6-2),二者除相差一个安全系数外,其他并无本质区别。

用式(6-1)计算出的保护区半径(见表6-4)是用式(6-2)计算出的保护半径(见表6-5)的1.5倍。

表6-5　水源地保护区半径计算结果(流速法计算)

水源地名称	渗透系数(m/d)	水力坡度(‰)	污染物水平运移时间(一级/二级,d)	有效孔隙度	一级保护区半径(m)	二级保护区半径(m)
张庄	70	8.00	100/1 000	0.27	207.41	2 074.07
临涧	90	4.00	100/1 000	0.27	133.33	1 333.33
下池	90	2.00	100/1 000	0.27	66.67	666.67
五里堡	90	5.80	100/1 000	0.27	193.33	1 933.33
后李	70	5.30	100/1 000	0.27	137.41	1 374.07
王府庄	70	5.30	100/1 000	0.27	137.41	1 374.07
洛南	70	8.00	100/1 000	0.27	207.41	2 074.07
李楼	120	3.14	100/1 000	0.27	139.56	1 395.56
东郊	80	6.01	100/1 000	0.27	178.07	1 780.74

(三)数值法划定水源地保护区范围

运用数值法对洛阳市水源地保护区的划分步骤为:

(1)建立研究区地下水流动数值模型,再现研究区地下水流场的特点。

(2)根据建立的模型,以目前的地下水开采量为基准,预测未来5年内地下水流场的变化特点。

(3)应用MODPATH模型,计算地下水质点的流线,分析各水源地的汇水区域。

(4)根据地下水质点流线划分水源地保护区。

研究区各个水源地距离较近,存在着井群干扰现象,从整个区域看,潜水含水层中地下水的流动方向受伊河、洛河及涧河的影响很大,见图6-4。在没有建设洛河水面工程以前,枯水季节,洛河是盆地潜水含水层中地下水的主要排泄途径之一;在丰水季节,洛河水位高于地下水位,洛河水补给地下水。洛河上5级水面工程修建蓄水后,洛河水面抬升3~4 m,使洛河对地下水的补给大大增强。在傍河水源地强烈开采区(如洛南水源地),河流成为地下水的主要补给来源。本质上,此类水源地主要开采的是在较短时间内,从河流中补给到地下的河水。

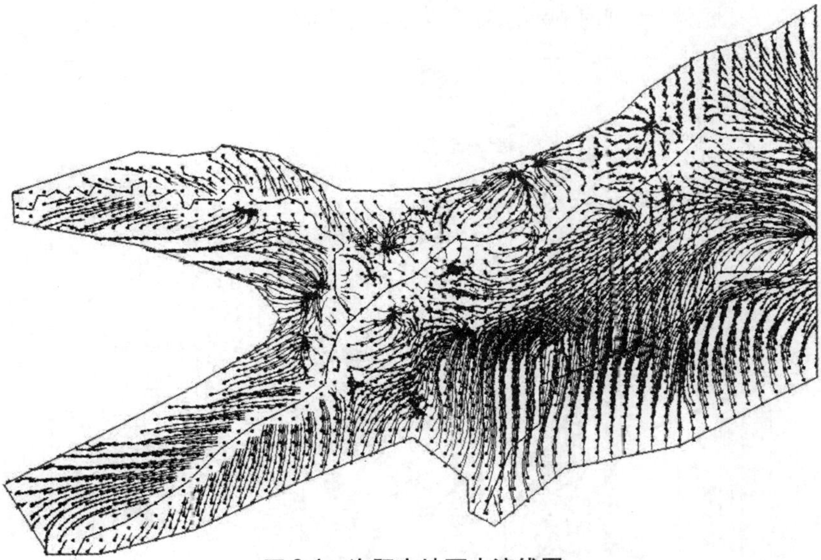

图6-4　洛阳市地下水流线图

根据洛阳市集中供水水源地的水文地质条件及水源地开采布局，为了更清楚地研究各个水源地地下水的流动特点，分别对各个水源地进行了单独的流线模拟，由于东郊、后李和王府庄水源地日开采量较小，本书没有模拟。各水源地模拟情况如下。

1. 临涧、下池、张庄水源地

临涧、下池、张庄三个水源地均位于洛河北岸，属傍洛河型松散岩类孔隙潜水，开采深度均小于60 m，含水层岩性为第四系上更新统和全新统冲积砂卵石，厚度为21.39～28.36 m，k值为80～110 m/d。地下水主要接受来自邻区的侧向径流补给、大气降水补给、涧河水及洛河水渗漏补给。其中，洛河渗漏补给是其主要的补给来源，受开采影响，形成了以张庄水源地为中心的降落漏斗，中心水位埋深19.0 m。

1）临涧水源地

2001～2008年，临涧水源地开采量一般在3万m^3/d左右，见图6-5。针对临涧水源地及其外围区域（为了分析井群干扰，选择临近水源地的中部作为流线模拟的边界），利用MODPATH计算其潜水含水层中地下水质点流线，见图6-6。从图6-6中可以看出，临涧水源保护区在西、南方向应以涧河为界，东部以洛河为界，北部以坐标（19 630 066，3 839 002）～

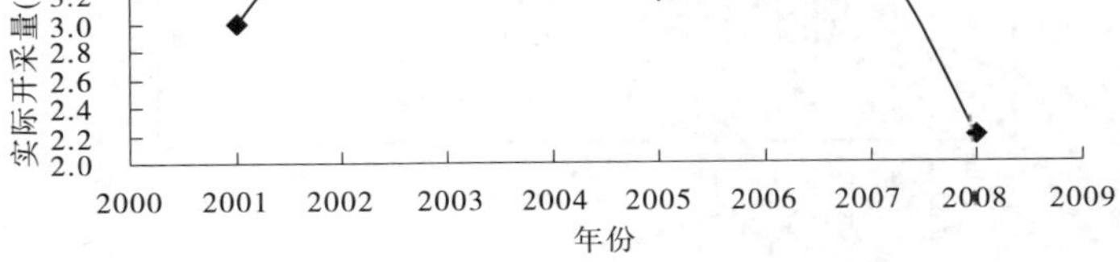

图6-5　临涧水源地开采量变化曲线

(19 632 454,3 837 115)为界,具体范围见图 6-7。洛河和涧河的水质对临涧水源地的水质有较强的影响,一旦洛河或涧河的河水被污染,临涧水源地的水质也将恶化。

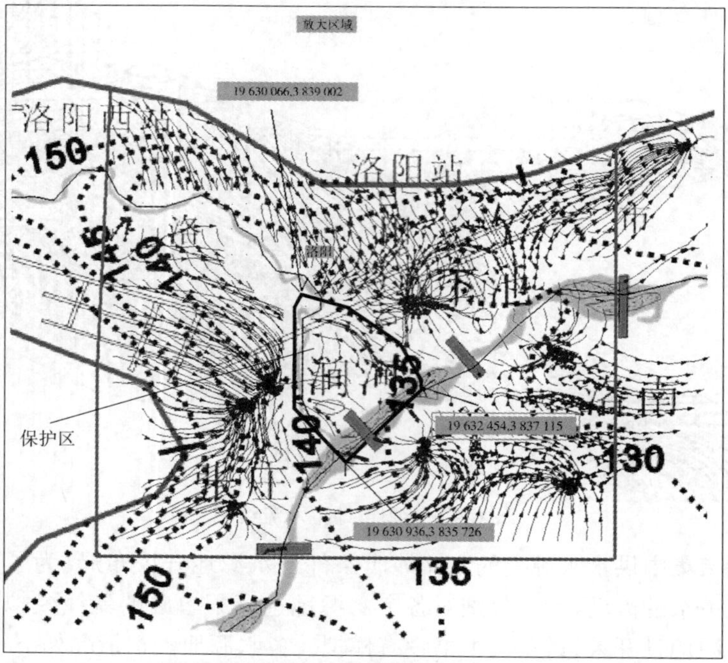

图 6-6　临涧水源地地下水流线模拟图

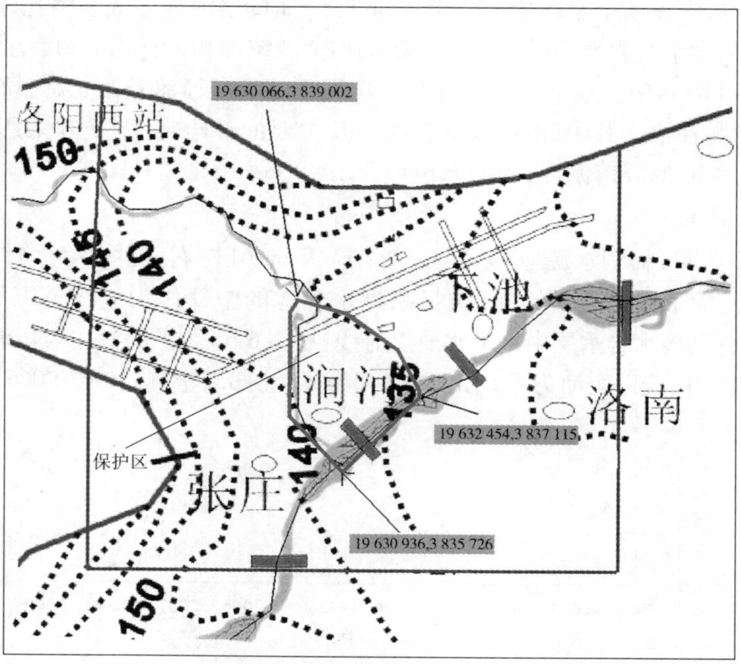

图 6-7　临涧水源地保护区域图

2）下池水源地

2001～2008 年，下池水源地日开采量为 1.5 万～3.5 万 m^3/d，见图 6-8。由于下池水源地部分开采井距离洛河较远，因此在长期的开采下，地下水汇水面积较大，已形成了一定的地下水降落漏斗。

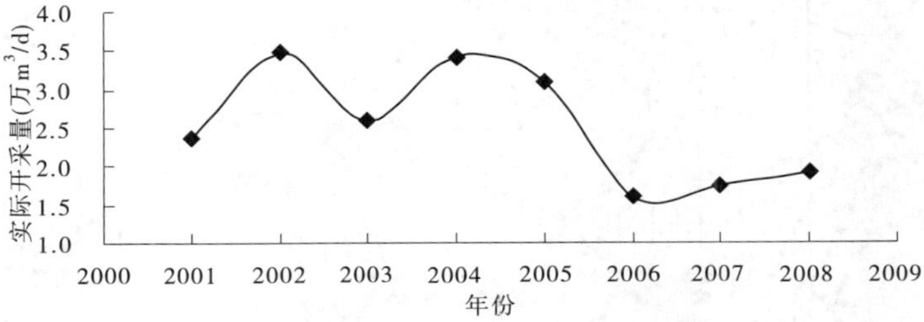

图 6-8　下池水源地开采量变化曲线

为了更清晰地模拟井群干扰，本次模拟中把五里堡水源地和临涧水源地作为下池水源地的外围区域同时进行计算。

模拟结果显示，在五里堡和下池及临涧与下池水源地之间存在着明显的地下水分水岭，见图 6-9。下池水源地除接受边山侧向补给外，也接受洛河水的补给。

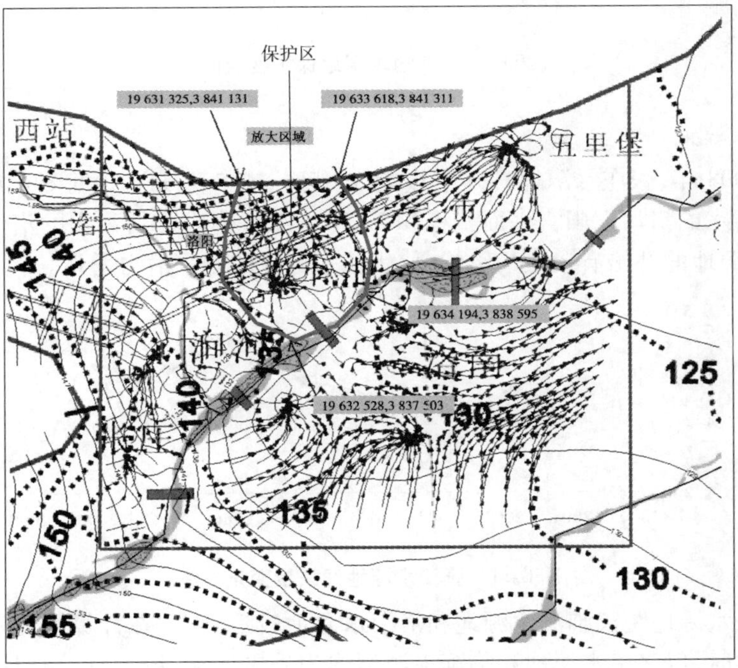

图 6-9　下池水源地地下水流线模拟图

根据地下水流向的变化规律，下池水源地保护区的范围为：北部以盆地边界为界，坐标为（19 631 325，3 841 131）～（19 633 618，3 841 311）；东南—东北以洛河为界，坐标为（19 632 528，3 837 503）～（19 634 194，3 838 595），具体范围见图 6-10。

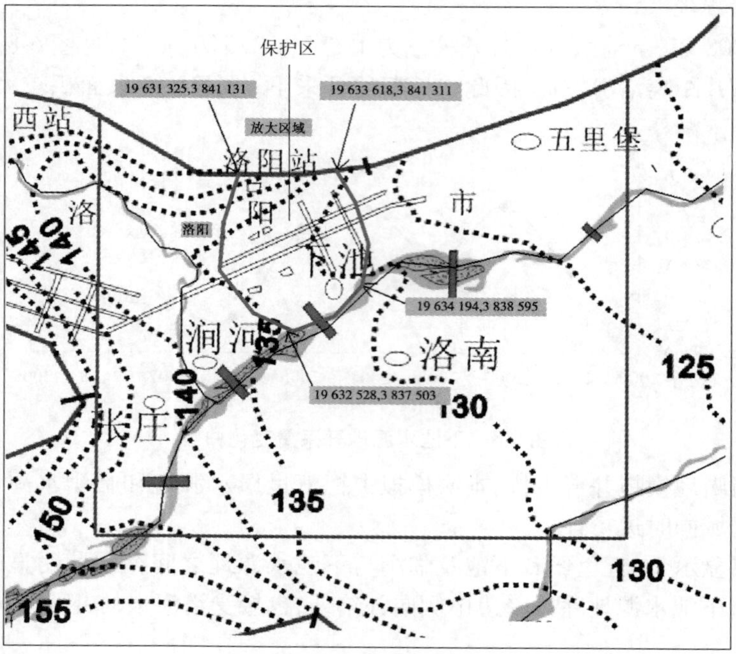

图 6-10　下池水源地保护区域图

3）张庄水源地

2001～2008 年，张庄水源地日开采量为 3.0 万～4.5 万 m^3/d，见图 6-11。2000 年 4 月建成开始蓄水的洛河上阳宫水面工程和 2003 年 4 月建成开始蓄水的洛河周山水面工程，对张庄水源地的补给有较大的影响，使张庄水源地的开采潜力增强。

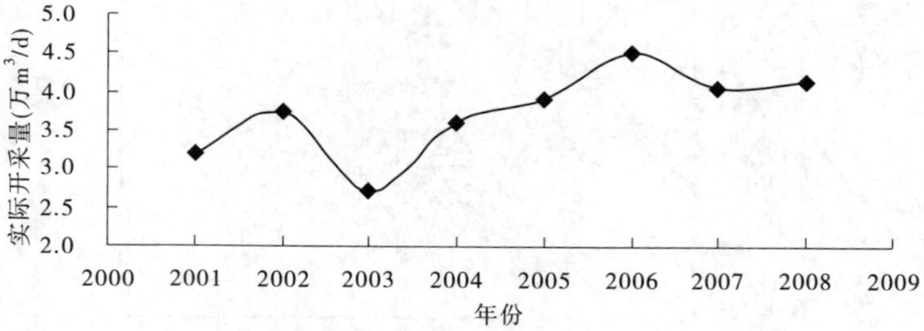

图 6-11　张庄水源地开采量变化曲线

由于张庄水源地距离临涧水源地和洛南水源地较近，因此在计算张庄水源地地下水流线变化规律时，以洛南水源地和临涧水源地作为外围区域，统一计算。计算结果显示，洛南水源地除接受洛河水的补给外，盆地边界处（邙山）的侧向补给量也较大，见图 6-12。根据区域地下水质点流线的变化特点，张庄水源地的保护范围应为：东部以涧河—洛河为界，北部以坐标（19 624 365，3 838 762）为界，南部以坐标（19 624 347，3 832 228）为界，西部以盆地边界为界，具体范围见图 6-13。

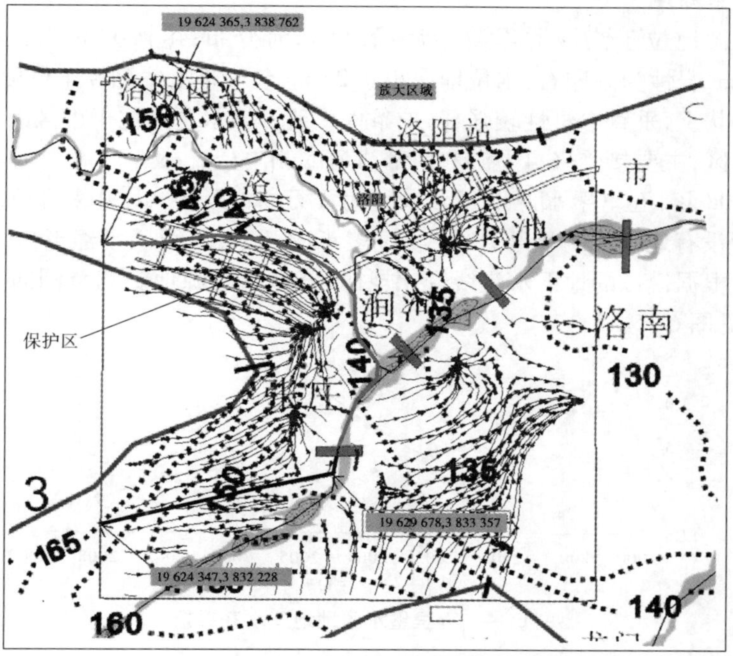

图 6-12　张庄水源地地下水流线模拟图

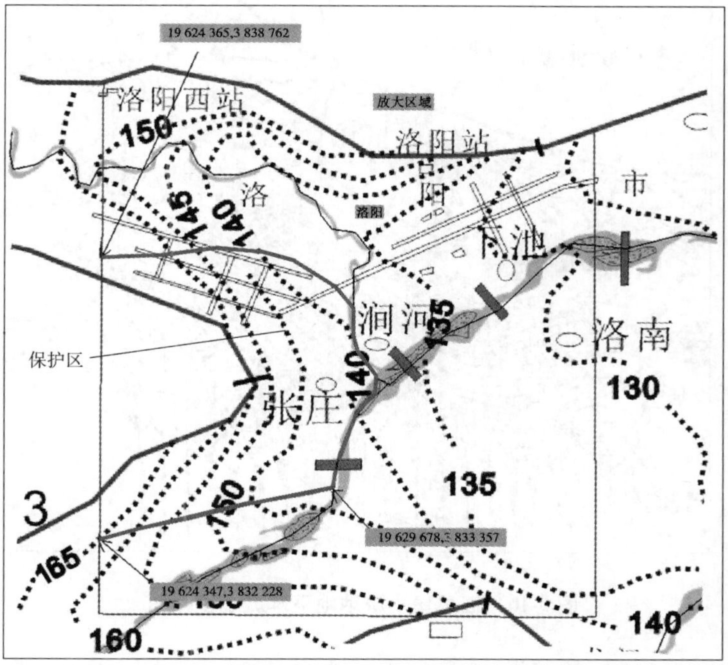

图 6-13　张庄水源地保护区域图

2. 五里堡水源地

五里堡水源地位于洛河北岸阶地后缘，傍瀍河分布；生产井 6 眼，含水层厚度为 40.2 ~ 61.19 m，岩性为砂卵石，水位埋深小于 25 m，包气带上覆黏性土厚度为 10 ~ 20 m，其岩性为黄土状土，垂直渗透性较强，防护条件一般。该水源地位于市区因人工开采形成的地下水低槽区，主要接受来自上游和南部洛河的侧向径流补给。

2001 ~ 2008 年，五里堡水源地日开采量为 2 万 ~ 3 万 m^3/d，开采深度小于 90 m，见图 6-14。由于没有地表水的显著补给，经过多年的开采，水源区已经形成了明显的地下水降落漏斗。根据模拟的地下水流线变化规律，五里堡水源地影响范围向东南方向已经扩展到洛河，见图 6-15。

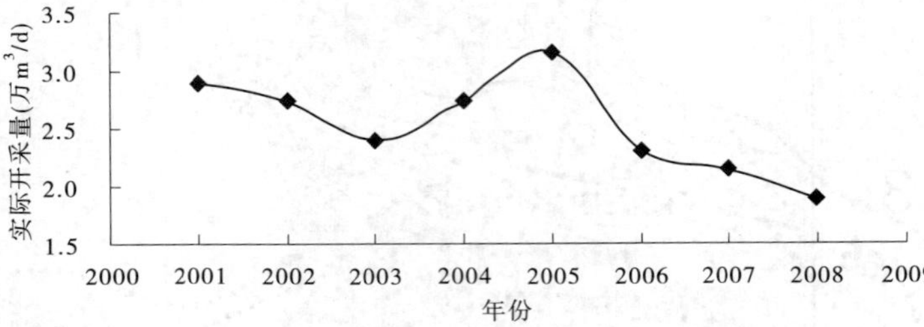

图 6-14　五里堡水源地地下水开采量

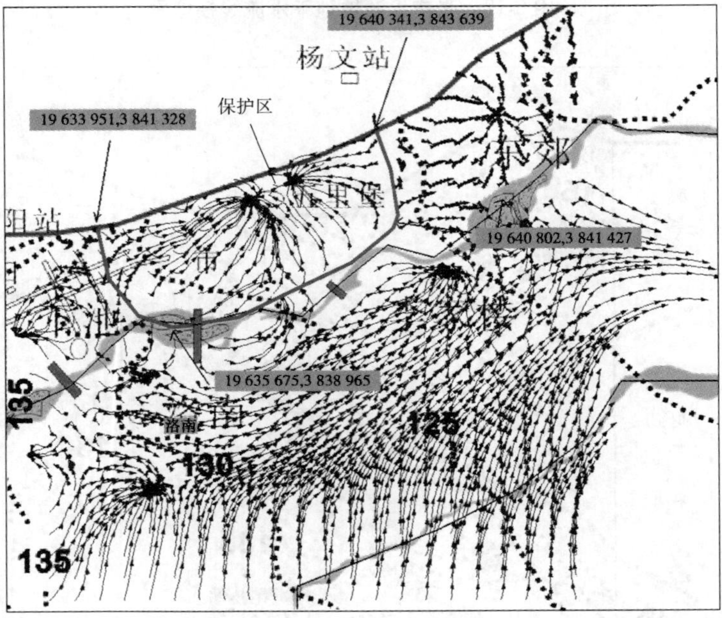

图 6-15　五里堡水源地地下水流线模拟图

根据 MODPATH 模拟的结果，五里堡水源地的保护区范围为：西北部以洛阳盆地边界为界，坐标为(19 633 951,3 841 328) ~ (19 640 341,3 843 639)；东南部以洛河北部为界，坐标为(19 635 675,3 838 965)，具体范围见图 6-16。

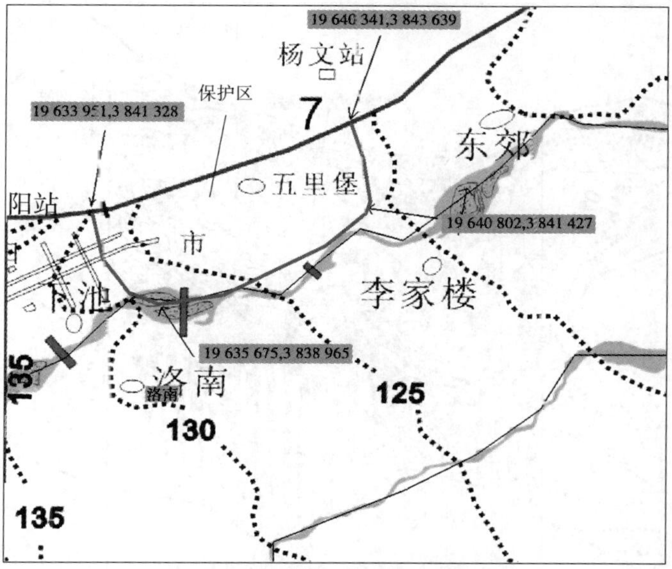

图 6-16　五里堡水源地保护区域图

3. 洛南、李楼水源地

洛南、李楼水源地均位于伊河、洛河河间地块上，傍洛河分布。洛南水源地有生产井27眼，开采深度为70 m；李楼水源地有生产井23眼，开采深度为70 m。两个水源地水文地质条件相似，主要含水层为第四系松散岩类孔隙潜水含水层，岩性为砂卵石，厚度一般为30～50 m，最厚可达70多m，主要接受洛河水侧渗及垂直渗漏补给。

1）洛南水源地

洛南水源地处于洛河南岸，是目前洛阳市最大的地下水供水水源地之一，日供水量为10.5万～12.5万 m^3/d，见图6-17。洛南水源地对洛阳市的经济发展及当地人民生活用水安全起着举足轻重的作用。

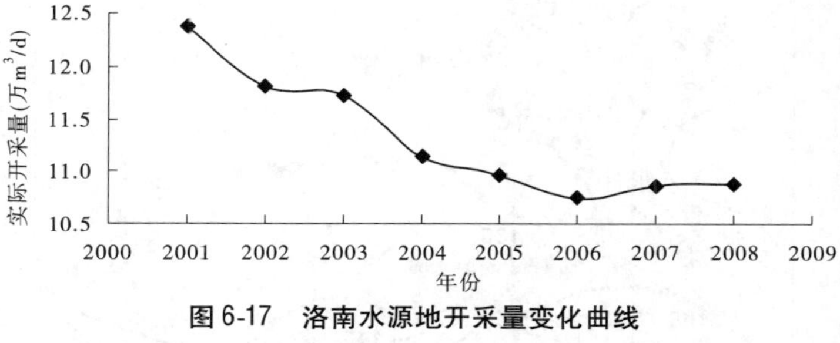

图 6-17　洛南水源地开采量变化曲线

由于洛南水源地紧傍洛河，且距离李楼水源地和涧河水源地较近，因此可能存在井群干扰现象。本书研究中，把李楼水源地和临涧水源地作为洛南水源地的外围区域，在模型中统一模拟该区地下水流线的变化规律（见图6-18）。从图6-18中可以看出，洛南水源地主要接受洛河水的补给，汇水区面积较小。由于洛河水的强烈补给作用，虽然洛南水源地开采量大，开采时间较长，但没有形成大的地下水降落漏斗。洛河水面工程的修建，大大增强了洛河对洛南水源地地下水的补给，使洛南水源地地下水位上升，开采潜力增大。

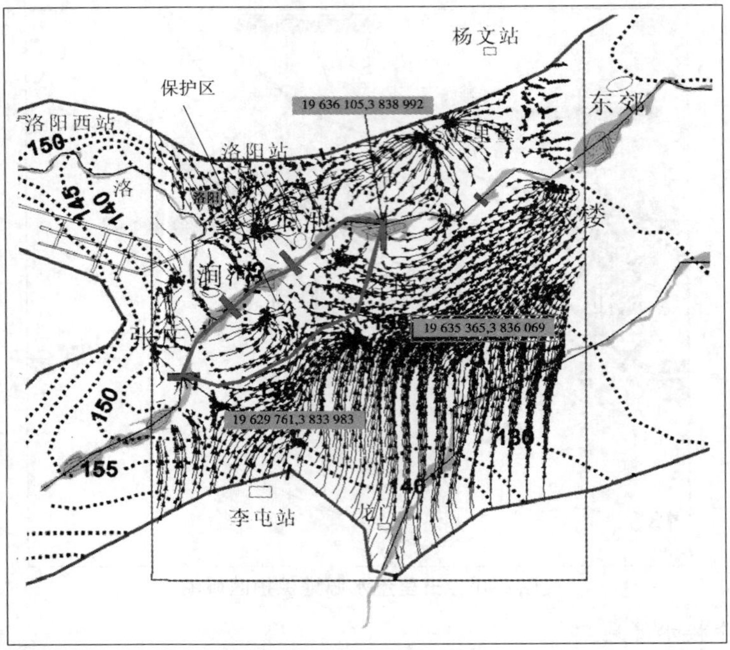

图 6-18　洛南水源地地下水流线模拟图

根据地下水流线模拟结果，建议洛南水源地保护区的范围为：西、北方向以洛河为界，坐标为（19 629 761，3 833 983）～（19 636 105，3 838 992）；东部边界坐标为（19 635 365，3 836 069），具体范围见图 6-19。

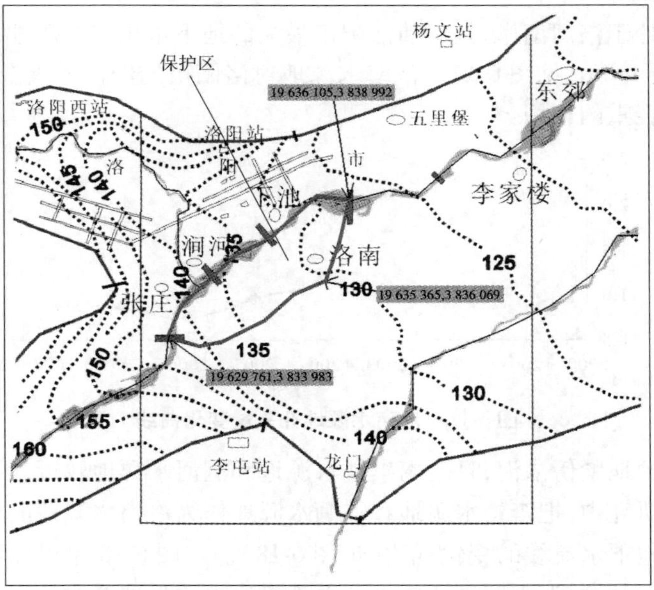

图 6-19　洛南水源地保护区域图

2）李楼水源地

李楼水源地位于洛阳市东南部伊河、洛河冲积平原，西距洛阳市区仅 3 km。李楼水源地处于洛河南岸，是典型的傍河水源地，2001～2008 年，日开采量为 3 万～6 万 m^3/d，见图 6-20。李楼水源地的水资源主要来自洛河的侧向补给，虽然开采时间较长，开采量较大，但并未形成大的地下水降落漏斗。

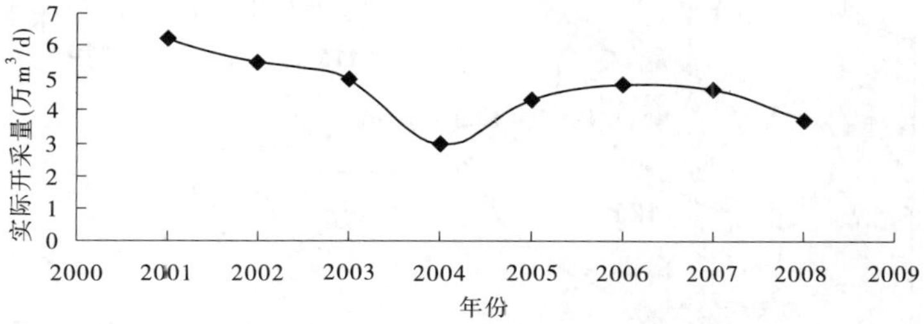

图 6-20 李楼水源地开采量变化曲线

选择李楼水源地及其外围区域，应用 MODPATH 进行地下水质点的流线模拟，结果显示李楼水源地的影响范围主要沿洛河呈带状分布，见图 6-21。根据地下水质点流线特征，建议李楼水源地保护区的范围为：西、北以洛河为界，东、南部以纵坐标（19 637 675，3 836 189）～（19 643 634，3 839 907）一线为界，具体范围见图 6-22。

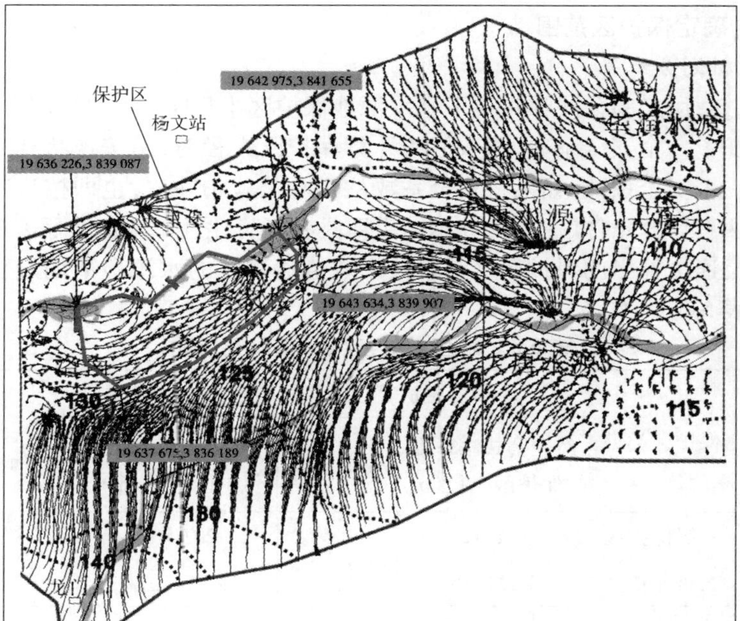

图 6-21 李楼水源地地下水流线模拟图

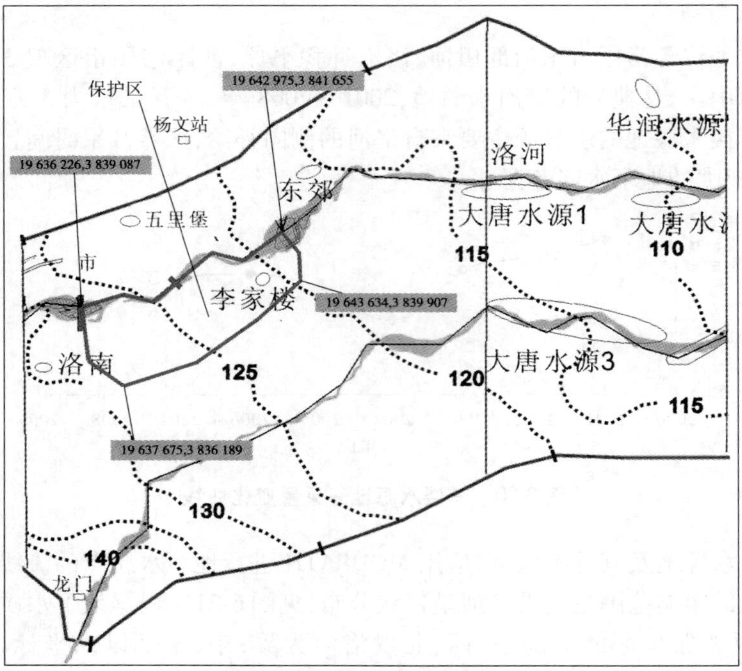

图 6-22　李楼水源地保护区域图

(四)综合确定保护区范围

1. 对比分析划分结果

计算后可知,用经验公式计算地下水水源地保护区半径时,为了防止用水量的增加造成半径扩大,加了一个安全系数,而数值法计算保护区半径时,是按现状开采条件下进行的,两者差了一个安全系数,如果将安全系数从经验公式中除去,也即按流速法计算保护区影响半径,两者计算条件就一样,计算结果即具有了可比性。下面将用经验公式算出的保护区半径、流速法算出的保护区半径以及用数值法测出的水源地平均最长流线值进行对比,结果见表 6-6。

表 6-6　数值法和经验法计算结果比较

水源地名称	保护区类型	经验法算出的保护区半径			数值法测出的水源地平均最长流线值(m)
		经验公式法算出的保护区半径(m)	安全系数	流速法算出的保护区半径(m)	
张庄水源地	一级保护区	311.12	1.5	207.41	
	二级保护区	3 111.15	1.5	2 074.07	1 920
临涧水源地	一级保护区	200.0	1.5	133.33	
	二级保护区	1 999.95	1.5	1 333.33	1 100
下池水源地	一级保护区	100.01	1.5	66.67	
	二级保护区	1 000.05	1.5	666.67	650

续表 6-6

水源地名称	保护区类型	经验法算出的保护区半径			数值法测出的水源地平均最长流线值(m)
		经验公式算出的保护区半径(m)	安全系数	流速法算出的保护区半径(m)	
五里堡水源地	一级保护区	290.0	1.5	193.33	
	二级保护区	2 899.95	1.5	1 933.33	1 650
洛南水源地	一级保护区	311.12	1.5	207.41	
	二级保护区	3 111.15	1.5	2 074.07	1 700
李楼水源地	一级保护区	209.34	1.5	139.56	
	二级保护区	2 093.4	1.5	1 395.56	1 200
东郊水源地	一级保护区	267.11	1.5	178.07	
	二级保护区	2 671.05	1.5	1 780.74	
后李水源地	一级保护区	206.12	1.5	137.41	
	二级保护区	2 061.15	1.5	1 374.07	
王府庄水源地	一级保护区	206.12	1.5	137.41	
	二级保护区	2 061.15	1.5	1 374.07	

由表 6-6 可知,用经验公式算出的保护区半径大于用除去安全系数的流速法算出的保护区半径,而用流速法算出的保护区半径又大于用数值法测出的水源地平均最长流线值。这是因为用经验公式算出的保护区半径比用流速法算出的保护区半径多了一个安全系数,而用数值法进行测算时,由于 MODPATH 使用的是一个半解析质点追踪的方案,该方法假定每个网格单元的各个方向的速度分量在它们自己的坐标方向呈线性变化。该假定得到一个描述网格单元内的流线的解析表达式,已知单元内质点的任意初始位置,就可计算出该单元内流线上的其他质点的坐标及两点之间运动所需的时间间隔,即数值法测出的水源地平均最长流线值与质点运行路线上的地下水流速有关。对一个水源地来讲,用数值法划分水源地保护区时,按实际流速进行模拟,对不同的开采井,流速不同,对同一个开采井,不同时间流速也不同。由此可见,经验法有很强的宏观性和主观性,有时甚至脱离了实际的地质环境条件,往往只得出粗略的划分区域。数值法虽应用复杂,所需条件较多,工作量较大,但能较准确地划分出水源地保护区范围。不过,用数值法计算时也容易出现概化误差,并且用数值法划分水源地保护区时,仅按现状开采条件进行计算,没有考虑到开采量增加而引起半径扩大的问题。

综合以上,单一采用任何一种方法划分水源地保护区时都会不可避免地带来偏差。为了使偏差尽可能减小,应当在充分考虑当地水文地质条件、河流影响、水源地类型及补给区范围的基础上,将以上两种方法结合起来划分水源地保护区。

2. 综合确定水源地保护区范围

依据经验公式法和数值法的划分结果,参照《饮用水水源保护区划分技术规范》(HJ/T 338—2007)第 7.2 条的规定,结合研究区水文地质条件,综合确定地下水水源地保护区范围,具体如下。

1)河流

由于河水的水质对水源地的水质有较强的影响,一旦河水受污染,水源地的水质也将恶化。因此，将研究区内的洛河、伊河和涧河均划分为一级保护区。

2）地下水水源地

（1）张庄水源地、临涧水源地和下池水源地属傍河型水源地，一级保护区边界取 100 m，二级保护区边界在数值法圈定的范围内略有变动，二级保护区大致范围是西边界从张庄南洛河边—浅井头—同乐寨—洛阳站，北边界至阶地后缘，东边界至定鼎路。准保护区为含水层补给边界，大致从延秋街市界开始向东至张庄。由于水源地一级保护区边界太小，在图上没有标出，三级保护区边界在保护区划分综合图上划出，下同。二级保护区范围见图 6-23 ~ 图 6-25。

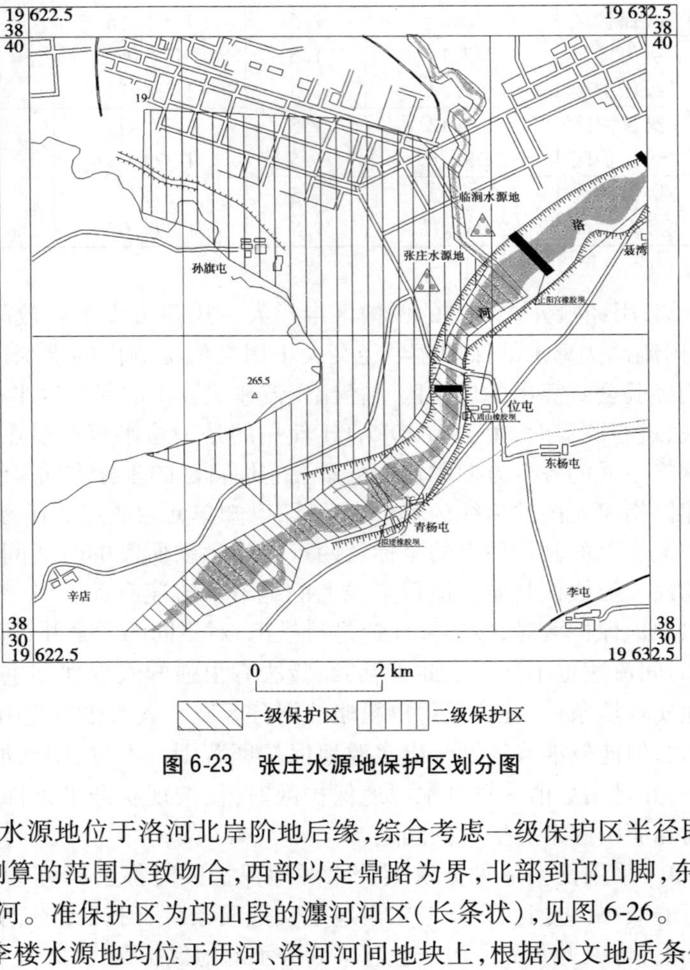

图 6-23　张庄水源地保护区划分图

（2）五里堡水源地位于洛河北岸阶地后缘，综合考虑一级保护区半径取 90 m；二级保护区和数值法测算的范围大致吻合，西部以定鼎路为界，北部到邙山脚，东部边界到机车工厂，南部到洛河。准保护区为邙山段的瀍河河区（长条状），见图 6-26。

（3）洛南、李楼水源地均位于伊河、洛河河间地块上，根据水文地质条件，洛南水源地一级保护区半径取 90 m，洛河漫滩为一级保护区，南到关林，东到洛龙路东东岗村，西到位屯至洛河，北到安乐窝至洛河划分为二级保护区，见图 6-27。

李楼水源地一级保护区半径取 100 m，二级保护区自一级保护区边界再向外推 800 m，根据地下水流场特征，北至洛河，东到潘寨，南到军屯，西接洛河，见图 6-28。

（4）东郊水源地位于洛河北岸白马寺孙村至唐寺门之间，一级保护区半径取 90 m，二级保护区西北部以邙山山前为界，东到市界，南以洛河为界，见图 6-29。

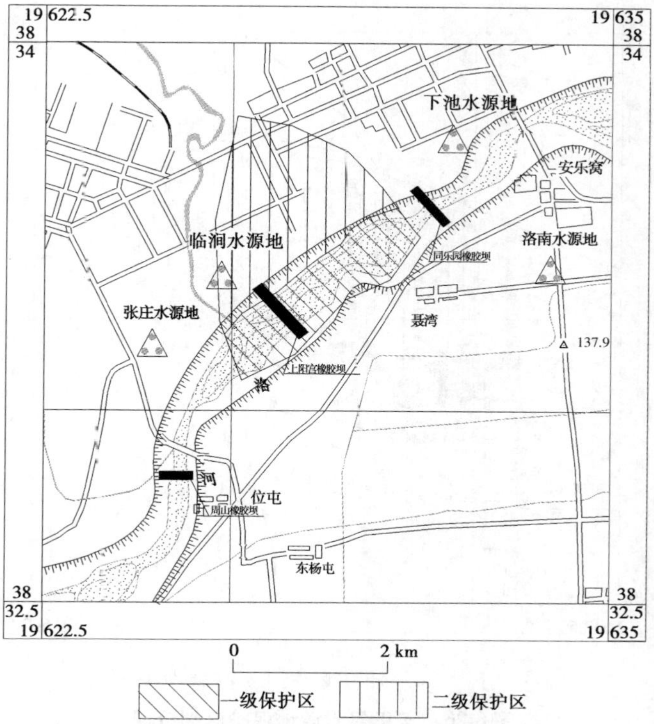

图 6-24　临涧水源地保护区划分图

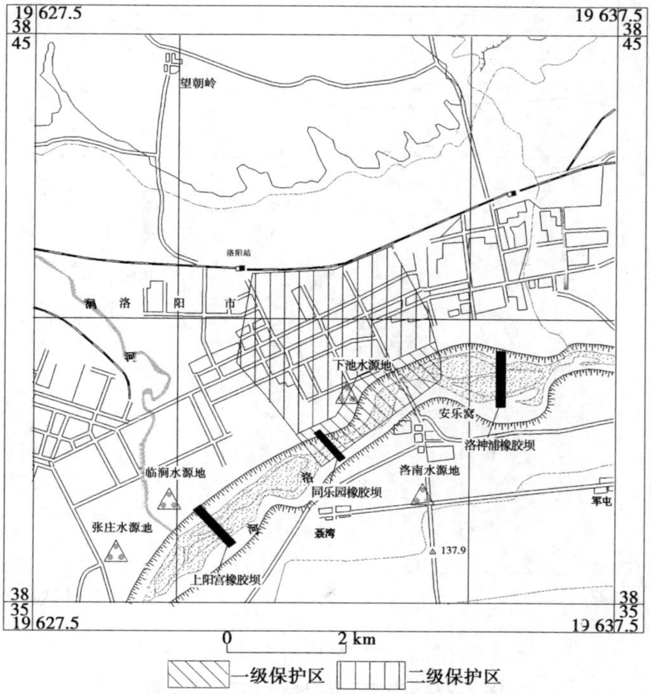

图 6-25　下池水源地保护区划分图

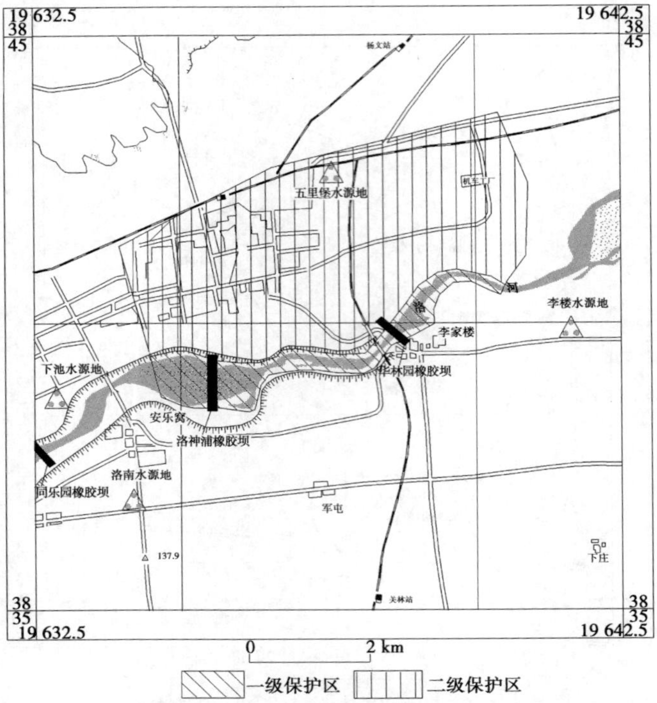

图 6-26　五里堡水源地保护区划分图

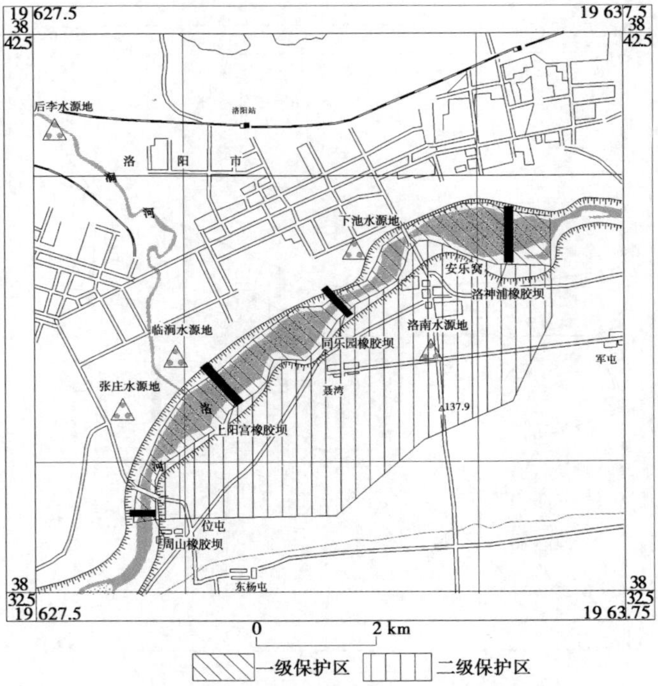

图 6-27　洛南水源地保护区划分图

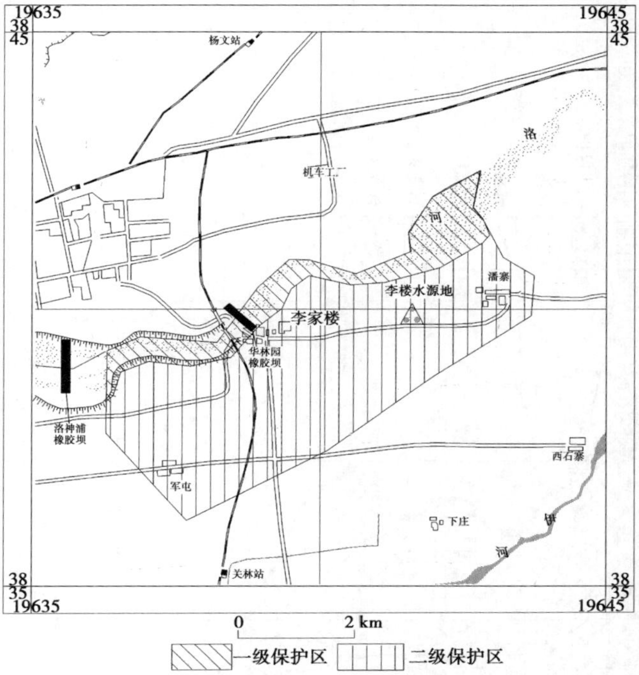

图 6-28　李楼水源地保护区划分图

(5)后李、王府庄水源地一级保护区半径取 70 m,两个水源地北侧的涧河河谷亦划为一级保护区;从谷水往东到同乐寨的涧河河谷划为二级保护区,谷水以西至市界包括涧河应划为准保护区,见图 6-29。

综合以上,为了安全起见,把以上水源地二级保护区之外研究区内的含水层补给边界均划为准保护区,保护区综合划分见图 6-29。

3. 单井保护区范围划定

由于研究区水源地的供水井较多,本书中并没有对每口井的保护区范围一一作出划定。根据《饮用水水源保护区划分技术规范》(HJ/T 338—2007),参照国内外单井保护区的划分方法,结合洛阳市供水井的实际情况,供水井单井保护区划分如下:

(1)若供水井井间距小于或等于一级保护区半径的 2 倍,以水源地一级保护区范围为界,对供水井一级保护区不再单独划分。

若供水井井间距小于或等于二级保护区半径的 2 倍,以水源地二级保护区范围为界,对供水井二级保护区不再单独划分。

(2)若井间距大于一级保护区半径的 2 倍,可以对每口井进行一级保护区划分;若井间距大于二级保护区半径的 2 倍,也可以对每口井进行二级保护区划分。一级保护区范围为以供水井为中心,半径为 R_1 的圆形区域,一级保护区面积 $S_1 = \pi R_1{}^2$;二级保护区范围为以供水井为中心,半径为 R_2 的圆形区域,二级保护区面积 $S_2 = \pi R_2{}^2 - \pi R_1{}^2$。

根据洛阳市水源地分布特征及供水井具体情况,一级保护区半径 R_1 适宜取 50 m,二级保护区半径 R_2 适宜取 300 m。

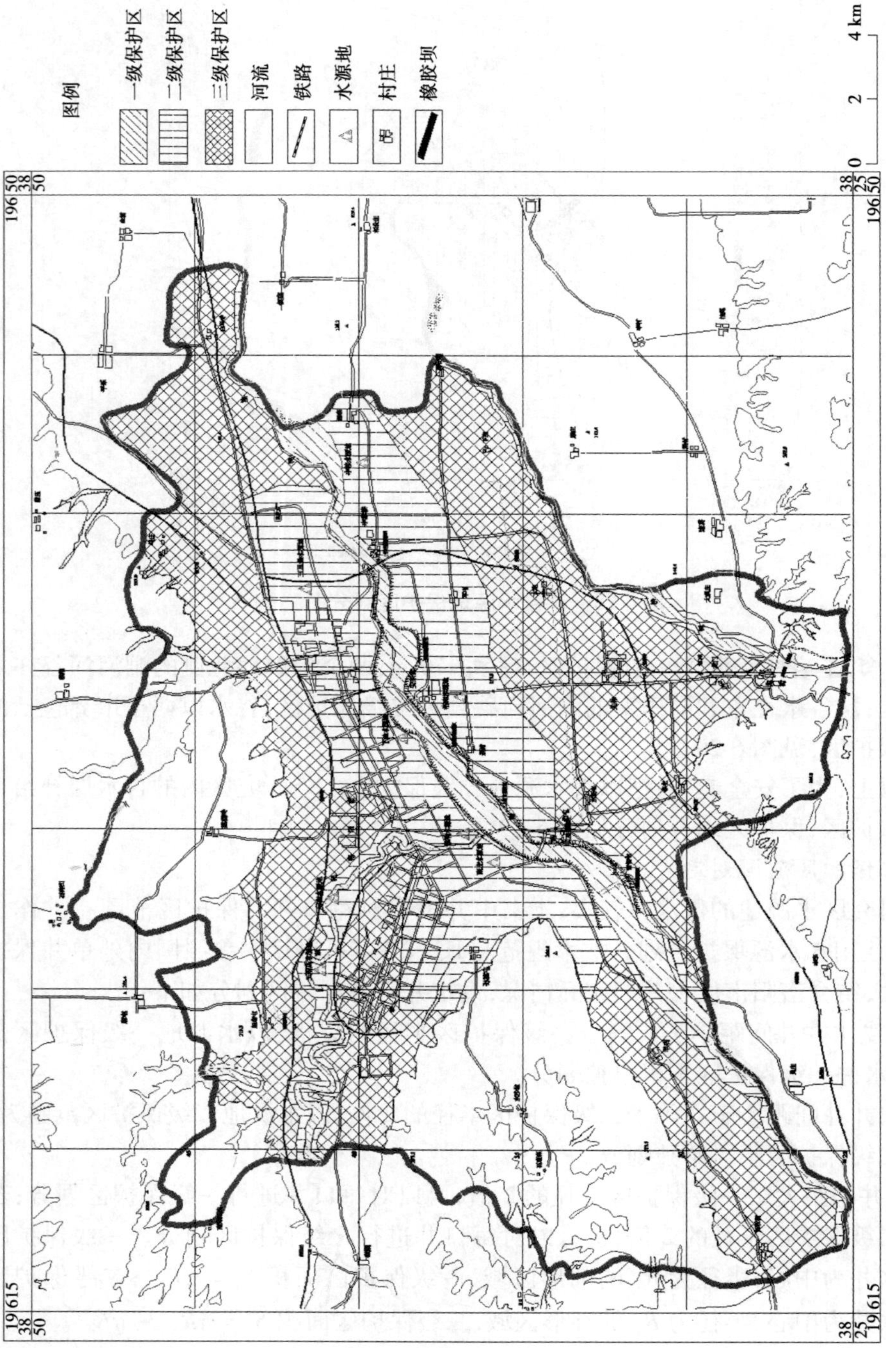

图 6-29　保护区综合划分图

第七章　地下水资源保护措施

水资源是人类赖以生存和社会发展不可缺少而又无法替代的物质资源，是生态环境系统中最活跃和影响最广泛的因素。随着人类社会的进步和社会经济的迅速发展，水资源需求不断增长，供需矛盾日益突出，水资源危机日趋严重，已经严重影响了社会经济的发展和人类的生存。因此，加强水资源保护，限制工业污水和生活废水向河流排放，改善地表水水质，控制地下水位下降，防止水资源枯竭，培育节约风尚，增强全民的忧患意识，保护水资源可持续利用，坚持开源节流与保护并重，通过采取综合治理措施，实现地下水资源的健康循环，达到人、水、自然的和谐相处，为实施洛阳经济可持续发展提供可靠保障。

第一节　地下水资源的管理措施

一、节约用水

节约用水不但是缓解洛阳市水资源供需矛盾和控制地下水位下降的基本措施之一，也是进行地下水保护的重要措施。根据国家对南水北调工程建设和管理的政策，是先节水后调水。节水可以提高水的利用效率，减少水资源的浪费；生产用水和生活用水的节约将直接减少污水排放量，降低水污染程度带来的环境压力；可以直接减少用水单位的取水量，进而节约供水工程投资，缓解水资源供应不足的矛盾。洛阳市水资源紧缺将是长期的，无论是现在还是将来，都应该把节水放在更加突出的位置，采取各项措施，大力推行节约用水，发展节水型工业、农业，建设节水型社会，根据水资源的承载能力和实行以水定产、以水定发展规模，限制发展高耗水、易污染企业。

（一）工业节水

（1）大力发展和推广工业用水重复利用技术，提高水的重复利用率。大力发展循环用水系统、串联用水系统和回用水系统。发展和推广蒸汽冷凝水回收再利用技术，发展外排废水回用和"零排放"技术。鼓励和支持企业外排废（污）水处理后回用，大力推广外排废（污）水处理后回用于循环冷却水系统的技术。

（2）发展高效冷却节水技术。发展高效换热技术和设备，鼓励发展高效环保节水型冷却塔和其他冷却构筑物。优化循环冷却水系统，加快淘汰冷却效率低、用水量大的冷却池、喷水池等冷却构筑物，发展高效循环冷却水处理技术。

（二）农业节水

农业节水的重点在于进一步减少无效蒸发与渗漏损失，提高水分利用效率，达到节水增产的目的。农业节水是一次农业、农村生产力和生产关系的重大变革，是推进两个转变和实施可持续发展的一个战略重点。

1. 优化配置

加强计量设施建设，逐步推行农业用水总量控制与定额管理，合理调整农、林、牧、副、渔各业用水比例。建立与水资源条件相适应的节水高效农作制度，提倡发展和应用适水种植技术，限制和压缩高耗水、低产出作物的种植面积，发展土壤墒情、旱情监测预测系统。

2. 田间灌水

对灌区全面实施节水改造，加强灌区配套改造工程建设，改进地面灌水技术，推广小畦灌溉、细流沟灌、波涌灌溉；合理确定沟畦规格和地面自然坡降，缩小地块；科学控制入畦(沟)流量、水头、灌水定额等灌水要素。淘汰无畦漫灌。鼓励发展微灌技术，在果树种植、设施农业、高效农业中大力推广微灌与滴灌；提倡将微灌技术与地膜覆盖、水肥同步供给等农艺技术有机结合起来。

3. 生物节水与农艺节水

发展绿化节水和生物节水技术，提倡种植耐旱性植物，鼓励应用水肥耦合技术，提高水分和肥料利用率；提倡深耕、深松等蓄水保墒技术和生物养地技术；发展和应用蒸腾和蒸发抑制技术；鼓励使用种衣剂和保水剂进行拌种。

4. 降水和回归水利用

推广降水滞蓄利用，推广协调作物耗水和天然降水的灌溉制度与灌水技术。在旱作农业区，推广以滞蓄天然降水为主要目的的土地平整技术和改进耕作技术；大力发展雨水集蓄利用。

5. 养殖业节水

发展和推广村镇集中供水，发展集约化节水型养殖技术，推广养殖废水处理及重复利用技术，发展畜产品、水产品加工节水技术。

(三)生活节水

生活用水单位必须坚持“开源与节流并重、节流优先、治污为本、科学开源、综合利用”的原则，加强水资源的管理。城市生活用水应推广节水生活器具，减少生活用水的浪费。

1. 应用节水型器具

节水型器具的推广应用是生活节水的重要技术保障。大力推广节水型器具，比如推广节水型水龙头、节水型便器系统、节水型淋浴设施，使用节水型洗衣机等，鼓励研究生产新型节水器具；新建小区全面推广节水型用水器具，发展“节水型住宅”；旧小区通过政策引导，逐步推广节水型器具。

2. 城市供水管网的检漏和防渗

加强对公共供水单位的节水管理、供水管网的维护及改造，改变粗放的供水经营模式，采取有效措施杜绝跑冒滴漏现象。

推广预定位检漏技术和精确定点检漏技术，推广应用供水管道连接、防腐等方面的先进施工技术，鼓励开发和应用管网查漏检修决策支持信息化系统。

二、减少河水污染

水污染防治工作要从源头抓起，杜绝未经处理的污水直接排入河道，对于散居在河两岸的居民,要引导和加强他们的环保意识,减少诸如洗衣服之类将高含磷的洗涤污水直接排入河道的行为。

研究区生态环境脆弱,必须确保生态环境用水,防止灌溉农业的盲目发展和生态环境的进一步恶化。加大环境治理措施,防止和杜绝新的污染产生,对研究区内工业废水严格达标排放,尽早使伊洛河河水达到Ⅲ类水功能区划标准,使废水的水质改善,保护河水不受污染,或使污水资源化而被重新利用,从而使水环境得到改善。

三、加强宣传教育

宣传工作是管理工作的基础。应认识到宣传工作的重要性,突出水资源保护的重要性,扩大宣传范围,增加以案讲法的数量,提高宣传效果。水涉及千家万户和各个领域,为了确保水量的稳定性、水质的优良性和充分发挥水资源的利用价值,必须深入持久地通过报纸、电视、广播、画报、手册等媒介工具,开展"立体型"的宣传教育,提高人们节水的责任感和自觉性,丰富人们的节水知识,使每个公民认识到水是宝贵的资源,水是生命不可缺少的物质,水资源是有限的,对人类的贡献是巨大的。节约用水是一场持久战,要从"一点一滴"做起,而且要让市民明白,过去的"以需定供"用水模式对水资源短缺地区的水环境造成了破坏性后果,以超出当地"水资源承载力"的强度和方式,掠夺性地开发利用水资源,造成了区域性地下水位降落漏斗的出现和发展。因此,必须扭转这种错误的用水模式,加强需水管理,采用"以供定需"的用水模式。以当地的水资源承载能力为前提,在实现水资源持续利用的前提下,支撑社会经济的可持续发展。

要让人们认识到:节约用水不是权宜之计,而是根本对策。节约用水,不是限制用水,而是当用则用,高效节流,杜绝浪费。节约用水要个人、集体、各行业和全民都积极参与,大力推广"蓝色革命"运动。

通过宣传教育让大家都来关心水、保护水、爱惜水。因此,舆论宣传是做好水资源保护工作的重要环节。

四、实现水资源统一管理

水资源统一管理是进行地下水保护的前提。实行水资源的统一、科学的管理,即以水资源的优化配置和高效利用、有效保护为前提,通过工程措施与非工程措施相结合,统筹考虑地表水、地下水、土壤水、雨水、灌溉回归及城市污水等的开发利用,进行协调管理和调度,实行以供定需的方针:以水定产业结构,以水定发展速度和建设规模,统筹协调生产、生活和生态用水,做到量水而行。由此而实现从工程水利向资源水利转变,从传统水利向现代水利、可持续水利转变,以水资源的可持续利用支持经济和社会的可持续发展。

目前,洛阳市水资源管理、防洪、城镇供水、排水、节水、污水处理和中水使用等涉水职能依然由不同部门来行使,各部门之间存在职能交叉,缺乏必要的协调机制,不利于地下水保护的开展。

水务统管就是遵循水资源的自然属性和利用规律的客观要求,把水资源作为一个完整的系统进行统一管理,而不是按城市与农村、地表水与地下水、供水与排水进行人为的分割管理,而且随着经济社会的快速发展,水资源短缺成为重要的因素,水资源已经成为一种战略性资源。对于这样一种重要的战略性资源,更需要实施符合其自身运行规律的统一管理。因此,要制定统一的、科学的、切实可行的水资源合理开发利用与保护规划,并建立有权威的管理机构,及时监督检查各项规划的实施情况,随时修订和不断完善规划方案,进行阶段性动态分析、评价和预测。依法治水和管水,改变在水资源开发利用、保护与管理方面各自为政、盲目开发、不合理利用、肆意浪费、污染无人管、违法无人究的落后状况。充分运用现代科学技术,使水资源管理模型化,充分利用洛阳市自然地理条件和水资源分布特点,以系统的观点建立用水立体化系统,统一认识,联合调度水资源,采用系统分析方法和最优化技术建立水资源管理模型,拟定最佳用水方案。把地表水开发与地下水开发有机结合起来,取长补短,发挥各自优势,则可以取得比较好的效果。

因此,必须改革现行的水资源管理体制,实现真正意义上的水务一体化,统一管理全市水资源。以流域管理与区域管理相结合、水资源权属与开发利用权属相分开为原则,实现包括城市与农村、水量与水质、地表水和地下水、供水与需水在内的水资源统一管理。

第二节　地下水资源保护的对策

一、合理开采

由于研究区水资源时空分布不均,为建设和保护洛阳市良好的生态环境,保护水资源的可持续开发利用,必须进行合理调配,坚持做到合理开采,综合利用,科学管理,严格保护,避免盲目超量开采带来的环境地质灾害,实现人工开采与自然补给基本平衡的目标,可通过地下水的调蓄功能,实现年内或年际调节,做到以丰补欠。同时,要做好地表水和地下水的联合运用,而且要运用经济杠杆来制约,以保证得到合理、优化供水和用水。

(一)保留自备井

据不完全统计,目前洛阳市大型厂矿企业的自备井均已封闭,中小企业的自备井还在开采。建议保留现有的自备井,原因如下。

1. 保留自备井有利于地下水的均衡开采

洛阳市地下水位降落漏斗大多位于水源地分布集中的区域。2000 年后,随着洛河水面工程的陆续建成,形成了 700 多万 m^2 的湖水面,对地下水的补给十分明显,沿河漏斗区逐步得到回升。但从 2009 年 6 月洛阳市浅层地下水等水位线图看,洛河水面工程运行近 10 年来,傍河水源地地下水降落漏斗并没有完全修复,而且从近几年地下水动态观测资料看,局部地下水位埋深在增加。若把现有的自备井关闭,水源地的取水量必将大幅度增加,势必加重了水源地开采的压力,降落漏斗也将加深加大。随着地下水径流场向漏斗中心的流动梯度加大,也势必加速地下水的水质污染。

2. 保留自备井有利于应对突发事件

当洛阳市自来水管网系统发生突发事件或公共供水系统发生故障时,若没有备用水源及时补充,很可能会造成重大经济损失。因此,从该角度考虑,也应保留自备井。

3. 保留自备井有利于洛阳未来的发展

洛阳市是中原城市群中的重点城市,是举世闻名的历史文化名城。随着经济的快速发展,城市规模日益扩大,各种需水量也逐年增加,现有水源地供水规模将不能满足需求,自备井可作为后备水源,缓解水源地的供水压力,更好地服务于洛阳市的经济建设。因此,从战略角度考虑,也应该保留自备井。

综上所述,保留自备井会缓解水源地的供水压力,有利于地下水的均衡开采,从而更加有利于保护洛阳市地下水资源。

(二)调整供水结构

研究区位于洛阳市区。据调查,农业灌溉面积大于7万亩,为了进一步落实优水优用原则,在节水的前提下,农业灌溉应利用中水或地表水,限制利用地下水。

对于工业用水,动员协调用水单位积极调整产品取水、用水结构,首先考虑使用中水,不能使用中水的使用地表水,尽可能少用或不用地下水。

在供水结构调整过程中,要克服以往的"急功近利、拍脑门决赛"的方式,一切从实际出发,力求做到能用河水的不用自来水,能用自来水的不用优质地下水。树立区域自然条件是确保当地社会经济持续发展的基础和重要保障的意识,不能再给脆弱的自然资源增添新的负担。

(三)科学划定地下水功能区

为了使有限的地下水资源发挥到最佳的效益,以优水优用为原则,结合地区供水条件和单位生产、用水状况,核定分配每一眼井的允许开采量,确保总的开采量控制在允许开采量之内。

根据研究区水文地质条件及水源地分布特征,把洛阳市地下水功能区分为可增强开采区、控制开采区和调减开采区,见图6-1。可增强开采区主要位于洛河和伊河的漫滩及河间地块;控制开采区主要位于洛河北岸二级阶地和位屯西洛河河谷,即洛阳市区;调减开采区主要位于涧河河谷区,即洛阳市涧西区。对水功能区划分后,实行分区管理,对不同的水功能区实施相应的措施和管理办法。

二、回灌

随着研究区地下水的不断开发利用,抽水量逐年增加,抽水而不回灌,势必造成地下水位持续下降,井的使用寿命减少,不利于该地区地下水资源的持续发展。只抽不灌,不但不利于保护地下水资源,同时将含有某些有害成分的地表水体渗透到地下,对地下水环境造成不同程度的污染。因此,采用人工补给——回灌是解决地下水资源不足和控制地下水位持续下降最有效的方法之一。回灌开采已经成为地下水持续发展的重要措施之一。据粗略统计,洛阳市兴隆寨回灌场回灌量可达7.0万 m^3/d,回灌影响区水位回升0.52~4.99 m,社会效益和经济效益非常可观。另据有关资料,洛阳市棉纺厂在冬灌夏用方面亦取得了成功经验,有效地控制了开采区的地下水位。但回灌用水必须是水质合乎要求的地表水,以免引起地下水污染。

虽然洛阳市在引地表水回灌试验研究方面已经取得了成功的经验。但目前基本上不用回灌来抬高地下水,而是采用了使地下水得到充分补给的橡胶坝蓄水,加强了与水面工程的结合。

三、小浪底引水工程

小浪底引黄入洛工程为小浪底南岸灌区组成部分，属小浪底水利枢纽南岸引水口工程的配套工程，根据水利部水规设[1998]276号文“关于黄河小浪底枢纽南岸引水口工程可行性研究报告的批复”的批复意见，黄河小浪底水利枢纽南岸引水口工程是解决洛阳市工农业及生活用水的水利工程，该工程及有关配套工程建成后，可发展灌溉面积54.83万亩，并向洛阳市城市供水2.84亿m^3，对促进该地区工农业生产和国民经济发展具有重要作用。

该项工程投入使用后，将在很大程度上缓解洛阳市城市的供水压力，改善水功能，净化地下水环境，加快洛阳市地下水建设的步伐，进而从根本上保护洛阳市的地下水资源。

第三节　保护水资源的法律法规措施

水资源管理应纳入法制轨道，使管理法制化、制度化，以科学技术为依据，促进和保持水资源可持续利用。

一、健全法律法规

“没有规矩、不成方圆”，健全的法律法规是水资源切实得到有效管理的重要保证。法律的不健全和法律法规宣传力度不够，人们的法律意识淡薄，是造成水资源管理“无法可依、执法不严”的重要原因，要切实通过法律手段、行政手段、经济手段、技术手段、宣教手段等来加强水资源的管理，真正做到地下水统一管理、水量和水质统一管理、开源与节流并重，以最终实现水资源的持续利用。实行“一龙管水，多龙治水”的模式，加强水资源立法与执法工作的严格性，加强流域规划与滚动规划工作。着重落实地表水与地下水的联合调度利用，取长补短，实现水资源的高效利用。

认真贯彻执行《中华人民共和国水法》、《取水许可和水资源费征收管理条例》等法律法规，按加强水资源统一规划管理的要求和有关规定，修订、完善并制定新的政策法规，使之成为完整体系。确立适应市场经济发展同水资源优化配置相衔接的政策体系，为水资源管理实现政企分开、政事分开打好基础，创建适应市场运行的水资源开发利用、节约与保护的新机制，在法规方面建立适应统一管理、科学管理的水法规体系，为实现水资源可持续利用提供法律保障。

二、完善水资源论证制度

继续完善建设项目水资源论证制度。统筹考虑经济社会发展和当地水资源条件、单个项目取水成本效益与社会成本效益的关系，使区域发展与水资源条件相适应。严格执行国家、省、市有关水资源论证的政策法规，严格论证程序、保证论证质量，确保水资源论证的有效性和权威性。

社会发展规划和城市总体规划的修编、重大建设项目的布局，应当与当地水资源条件和防洪要求相适应，并进行科学的水资源论证。

第四节　水源地保护区的具体管理措施

为了确保城区饮用水源地的水质、水量，保障城区居民的身心健康，对水源地保护区管理措施规定如下。

一、一级保护区

（1）禁止在一级保护区范围内建设与取水设施无关的建筑物，如居民房、渠道等，建设的供水井房不允许居住或堆放杂物。

（2）禁止在一级保护区范围内耕种作物，限制在井周围从事农牧业活动。

（3）禁止在井周围倾倒、堆放工业废弃渣及城市垃圾、粪便和其他有害废物。研究区内的水源地均为潜水水源地，水源地附近又是人口聚居地，易遭受生活垃圾和城市的污染，污染源易通过包气带进入含水层，污染地下水。

（4）禁止在井周围建设输送污水的渠道、管道及输油管道。

（5）禁止在井周围设立墓地。

（6）建立卫生检查制度，定期检查井周围的环境状况。

二、二级保护区

（1）保护区内的各种建筑活动必须得到水资源管理部门的许可才能进行施工，尤其在张庄水源地、李楼水源地和东郊水源地一带，人口密集，分布居民点、蔬菜基地和工业企业，建筑施工活动强烈。

（2）禁止在保护区内进行可能引起开采含水层污染的工作，禁止利用大口井开采地下水，也应该限制居民点小井的开采；利用未经净化的污水灌溉农田，必须保证不污染地下水为前提。

（3）禁止修建存放污水和废物的各种水库与沉渣库，禁止设置工业和生活污水的渗透场。

（4）禁止修建新的产生大量工业废液和污水以及排放大量废气的大型工厂。

（5）禁止在保护区内及沿河两岸修建垃圾场，倾倒各种垃圾，尤其是张庄、临涧水源地和下池水源地，靠近市区，沿河易堆放垃圾，应及时进行检查清理。

（6）李楼水源地和东郊水源地附近为重要的农业区，大面积种植蔬菜，为防止农药及化肥造成地下水水源地的污染，应限制和监督农药化肥的使用，同时限制采用新的肥料和禁止使用污水灌溉。

（7）清除或封填保护区内可能引起污染的无用的、损坏了的及不合理的开采钻孔和坑道。

（8）禁止修建破坏含水层上面防护层的基坑、水池、露天采矿场，禁止建立大型畜牧场和家畜屠宰场。

三、准保护区

按《饮用水水源保护区污染防治管理规定》确定准保护区的管理措施如下：

(1)禁止建设城市垃圾,粪便和易溶、有毒有害物的堆放站,因特殊需要设立转运站的,必须采取防渗措施。

(2)准保护区内的地表水体水质不应低于国家《地表水环境质量标准》(GB 3838—2002)Ⅲ类标准。

(3)此区内不得使用不符合《农田灌溉水质标准》(GB 5084—2005)的污水灌溉,科学使用化肥。

第八章　结论与建议

第一节　结　论

（1）研究区浅层地下水含水层岩性由冲积砂、砂卵石组成，分布稳定、埋藏浅，一般厚30～50 m，透水性能好，渗透系数为30～120 m/d，单井涌水量多为1 000～3 000 m^3/d，主要补给来源为大气降水入渗、径流补给、灌溉回渗补给等，排泄方式主要为人工开采、侧向径流排泄及蒸发排泄等。

（2）用均衡法计算得出研究区浅层地下水可采资源量为1.964亿 m^3/a；用数值模拟法得出研究区浅层地下水可采资源量为2.068亿 m^3/a。由于水面工程的影响，地下水受到河水的补给较充分，因此还有较大的开采潜力，但局部已出现了采补不均衡。

（3）通过野外调查和室内水质分析发现，研究区地下水化学类型主要有 HCO_3—Ca、HCO_3—Ca·Mg等多种类型，局部水质已不同程度地受到了污染。根据地下水质量评价结果，研究区局部地下水质量较差。

（4）根据浅层地下水资源量计算结果及各均衡区地下水开采潜力指数和可采资源模数计算结果，结合研究区水文地质条件综合确定：Ⅰ区和Ⅱ区位于伊河、洛河河漫滩和河间地块，地下水资源较丰富，划分为可增强开采区；Ⅲ区已出现采补不平衡，Ⅴ区、Ⅵ区存在多年的降落漏斗并没有完全修复，因此把这三个区划分为控制开采区；根据计算，Ⅳ区的开采潜力较大，但该区企业众多，近几年来开采量较大，因此把该区划分为调减开采区。

（5）根据水源地保护区划分的目的、原则和依据，参考《饮用水水源保护区划分技术规范》（HJ/T 338—2007），结合水源地所处水文地质条件，综合经验值法和数值法计算结果，水源地保护区确定如下：

①由于河水水质的污染对地下水水质的影响较强烈，因此把研究区内洛河、伊河和涧河均划分为一级保护区。

②张庄、临涧水源地和下池水源地均为傍河水源地，一级保护区半径取100 m；五里堡、洛南和东郊水源地一级保护区半径取90 m；李楼水源地一级保护区半径取100 m；后李、王府庄水源地一级保护区半径取70 m。水源地二级保护区在数值法模拟的基础上，参考经验值法计算结果，结合水文地质条件略有改动；准保护区范围原则上到含水层补给边界，但为安全起见，把研究区之内二级保护区范围之外的其他区域均划为准保护区。

（6）根据洛阳市水源地供水井具体情况，当对每口井进行一级（二级）保护区划分时，建议一级保护区半径取50 m，二级保护区半径取300 m。

（7）针对存在的主要问题，因地制宜地提出了地下水资源的保护措施。

第二节　建　议

(1)为分析研究区地下水的持续开采对地下水环境的影响,建议加强研究区地下水的动态监测;伊河、洛河和涧河由于接纳城市大量污水,局部地段已污染,部分指标超标。现洛河水面工程的水质已遭受污染,导致局部地段浅层地下水亦受到污染。因此,建议加大对洛河、伊河和涧河水质的监测力度,加强“三废”管理,严禁超标排放。

(2)拟建工业园区位于研究区东部——洛阳市城市上游,其水质若受到污染,通过地下水径流,研究区地下水水质亦会受到影响。因此,建议尽快开展拟建工业园区地下水资源的评价和保护工作。

(3)位于洛阳市城市上游的陆浑水库接纳了大量矿山开采排出的废水,若陆浑水库水受到污染,洛阳市浅层地下水势必会受到污染,因此应加大对陆浑水库水的监测,做到达标排放,以减轻对地下水的污染。

(4)为缓解洛阳市水源地的供水压力,建议保留自备井。

(5)建议加强洛阳市水资源的统一管理,统一调配,改善地下水环境,促进研究区地下水系统的健康循环,实现人、水、自然的和谐发展。

(6)由于受到资料限制,本研究在地下水水质监测、分析、评价等方面还不够深入、全面,建议加大监测力度后积累资料,继续深入研究,进一步分析地下水水质的变化趋势,因地制宜地保护研究区地下水水质。

参 考 文 献

[1] W M Alley, R W Healy, J W LaBaugh, et al. Flow and storage in groundwater systems[J]. Science, 2002,296:985-990.

[2] 董少刚,唐仲华,冯全洲,等. 地下水数值模拟中河流的处理方法及存在的问题[J]. 安徽农业科学, 2008, 36(23): 10168-10169.

[3] Nathant, Bruas. 地表地下水系统动态管理[J]. 水文地质工程地质译丛,1993(2):1-82.

[4] 陈崇希,林敏. 地下水动力学[M]. 武汉:中国地质大学出版社,1999.

[5] 陈植华,靳孟贵. 地理信息系统与水资源系统分析、模拟、决策[C]//水文地质工程地质论文集. 武汉:中国地质大学出版社,1992.

[6] 韩再生. 为可持续利用而管理含水层补给——第四届国际地下水人工补给会议综述[J]. 水文地质工程地质,2002(6):72-73.

[7] 郝华. 我国城市地下水污染状况与对策研究[J]. 水利发展研究,2004(3):23-25.

[8] 崔新华. 洛阳市首阳山电厂三期扩建工程水资源论证[R]. 郑州:河南省水文水资源局,2002.

[9] 黄冠华. 模糊线性规划在灌区规划与管理中的应用[J]. 水利学报,1991(5):36-40.

[10] 靳孟贵,梁定伟,王增银,等. 格尔木地区地下水动态分析与预测[J]. 地学探索(4),1991.

[11] 靳孟贵. 地下水动态的灰色预测[J]. 地球科学,1991, 16(1):91-94.

[12] 沈照理,等. 水文地球化学基础[M]. 北京:地质出版社,1993.

[13] 王大纯,张人权,史毅虹,等. 水文地质学基础[M]. 北京:地质出版社,1995.

[14] 王现国,李建涛,务宗伟. 洛阳市水资源可持续开发利用对策研究[J]. 地下水,2003(2):240-242.

[15] 王现国,务宗伟,牛波,等. 洛阳市水资源供需平衡与可持续利用对策研究[J]. 地域开发与研究, 2005(4):104-108.

[16] 张人权,梁杏,靳孟贵. 可持续发展理念下的水文地质与环境地质工作[J]. 水文地质工程地质, 2004,31(1):82-86.

[17] 张人权, 靳孟贵. 略论地质环境系统[J]. 地球科学,1995, 20(4):373-377.

[18] 朱贵良,王浙彬,等. 基于城市雨水资源化的截污下渗系统[J]. 水利学报,2003(9):71-76.

[19] 朱贵良,段志伟. 城市雨水资源综合利用研究[J]. 科技进步与对策,2003(5):53-55.

[20] 赵天石,关于地下水库几个问题的探讨[J]. 水文地质工程地质,2002(5):65-67.

[21] 张宗祜,沈照理,薛禹群,等. 华北平原地下水环境演化[M]. 北京:地质出版社,2000.

[22] 张光辉,费宇红,刘克岩,等. 海河平原地下水演变与对策[M]. 北京:科学出版社,2004.

[23] 赵耀东. 傍河水源地诱发补给试验研究[J]. 西北水资源与工程,1991(1):26-28.

[24] 朱文彬. 水资源开发利用与区域经济协调管理模型系统研究[J]. 水利学报,1995(11):31-38.

[25] 田莹. 隋唐洛阳水环境与城市发展的互动关系研究[D]. 西安:陕西师范大学,2008.

[26] 赵亚敏. 基于流域生态过程的洛阳市城市河绿地景观格局优化研究[D]. 郑州:河南农业大学, 2006.

[27] 候春堂,李瑞敏,冯翠娥. 区域农业生态地质调查内容与方法[J]. 地质科技情报,2002,21(1): 66-70.

[28] S O Oikeh, J G Kling, W J Horst, et al. Growth and distribution of maize roots under nitrogen fertilization

in plinthite soil[J]. Field Crops Research, 1999,1-13.
[29] 徐恒力,孙自永,马瑞. 植物地境及物种地境稳定层[J]. 地球科学——中国地质大学学报, 2004, 29(2): 239-246.
[30] 徐恒力,汤梦玲,马瑞. 黑河流域中下游地区植物物种生存域研究[J]. 地球科学——中国地质大学学报, 2003, 28(5): 551-556.
[31] 宋永昌. 植被生态学[M]. 上海:华东师范大学出版社,2001.
[32] 蔡晓明. 生态系统生态学[M]. 北京:科学出版社,2002.
[33] 邬建国. 耗散结构、等级系统理论与生态系统[J]. 应用生态学报,1991,2(2):181-186.
[34] 邹珊刚,黄磷邹,苏子仪,等. 系统科学[M]. 上海:上海人民出版社,1987.
[35] 刘佳. 中韩地下水资源保护制度比较[J]. 环境与可持续发展,2011(1):14-17.
[36] 高宗军,武强,张富中,等. 地下水保护区划分方法及其意义[J]. 中国地质灾害防治学报,2004,15(4):91-95.
[37] W J Parton ,J W B Stewart,C V Cole . Dynamics of C N , P and S in grassland soils : A model[J]. Biogeochemisty , 1988,109-131.
[38] C S Potter ,J T Randerson,C B Field,et al. Terrestrial ecosystem production : A process model based on global satellite and surface data[J]. Global Biogeochem Cycles ,1993 , 7 (4) : 811- 841.
[39] 王现国,郭立. 洛河冲积平原包气带对入渗水污染物净化能力研究[J]. 水文地质工程地质,2009(6):123-126.
[40] 王现国. 豫西龙涧泉岩溶水系统研究[J]. 人民黄河,2010(5):42-44.
[41] 王现国. 洛阳市地下水源热泵应用研究[J]. 人民黄河,2009(9):52-56.
[42] 王现国,等. 洛阳市浅层孔隙地下水化学环境演化分析[J]. 人民黄河,2009(4):58-61.
[43] 王现国,张娟娟,邓晓颖,等. 洛阳市垃圾填埋场场址适宜性评价及优选 [J]. 水资源保护,2010(5):38-41.
[44] 王现国,彭涛,张领,等. 洛阳盆地浅层地下水资源数值模拟评价 [J]. 工程勘察,2010(4):38-43.
[45] 王现国,翟小洁,张平辉,等. 小秦岭矿区地质灾害发育特征与易发性分区 [J]. 地下水,2010(4):162-164.
[46] 王现国. 连霍高速公路河南段地质灾害类型及防治 [J]. 中国地质灾害与防治学报,2008(4):133-134.
[47] Wang Xianguo, Guoli. The research on the countermeasures on the sustainable development and utilization of the water resources in Luoyang City[C]//2010 2nd conference on environmental science and information Application Technology ESIAT2010 ,Cheng Du:133-136.
[48] Wang Xianguo, Guoli, Pengtao. The analysis on hydrochemistyr environment evolvement of pore groundwater in shallow aquifer in Luoyang City[C]//2010 4th International Conference on Bioinformatics and Biomedical Engineering, iCBBE2010.
[49] 王现国,赵德山,邓晓颖,等. 断陷盆地地下水环境演化与水文地球化学模拟[M]. 北京:地质出版社,2010.
[50] 王现国,葛雁,吴东民,等. 河南省小秦岭矿区地质灾害研究[M]. 武汉:中国地质大学出版社,2010.